黎军　宋莹◎著

数字经济与实体经济融合发展

现状、路径、应用与展望

華中科技大學出版社
http://press.hust.edu.cn
中国·武汉

内容简介

本书聚焦实体经济在数字经济浪潮下的转型之路，从数字经济的起源与发展历程入手，深入剖析了实体经济与数字经济之间的关系。书中详细阐述了数字经济对实体经济产业结构、产品开发、市场拓展和人力资源等多方面的深远影响，并揭示了数字经济与实体经济的共同基础以及两者融合的重要意义。通过对数字经济与实体经济融合发展的驱动因素和路径的深入分析，本书揭示了两者的内在逻辑联系以及融合的必然性、紧迫性。同时，本书生动地展示了数字经济在实体经济中的典型应用和成功案例，为读者提供了宝贵的参考。最后，本书对数字经济与实体经济融合发展的未来趋势进行了展望，为读者揭示了数字经济时代下的机遇与挑战，并提出了数字化提升实体经济的策略与建议，助力企业数字化转型。

本书不仅对企业人员提升数字化素养、拓展经营思路具有极大的帮助，还为政府部门在数字经济决策、数实融合政策的制定与执行方面提供了较有价值的参考。此外，本书对提高整个社会对数字经济的认识具有重要的启示意义，对于高校经济管理相关专业的师生来说，更是一本值得深入研究的参考资料。通过本书的阅读，读者能够更全面地了解数字经济与实体经济的融合现状，把握未来经济发展的新动向，拓展新质生产力思维，为企业数字化建设添砖加瓦。

本书适合数字经济及实体经济从业人员、政府经济管理部门人员、经济类专业师生及研究人员阅读参考。

图书在版编目(CIP)数据

数字经济与实体经济融合发展 ：现状、路径、应用与展望 / 黎军，宋莹著. -- 武汉 ：华中科技大学出版社，2025. 3. -- ISBN 978-7-5772-1667-6

Ⅰ. F061.3

中国国家版本馆 CIP 数据核字第 2025GU2976 号

数字经济与实体经济融合发展：现状、路径、应用与展望　　黎 军　宋 莹　著

Shuzi Jingji yu Shiti Jingji Ronghe Fazhan：Xianzhuang、Lujing、Yingyong yu Zhanwang

策划编辑：袁　冲　　　责任编辑：黄汉堃　陈　骏

封面设计：孢　子　　　责任校对：李　弋

责任监印：朱　玢

出版发行：华中科技大学出版社(中国·武汉)　　电话：(027)81321913

武汉市东湖新技术开发区华工科技园　　邮编：430223

录　　排：华中科技大学惠友文印中心

印　　刷：武汉市洪林印务有限公司

开　　本：710mm×1000mm　1/16

印　　张：15.25

字　　数：242 千字

版　　次：2025 年 3 月第 1 版第 1 次印刷

定　　价：88.00 元

前　言

在全球化浪潮和信息技术革命的双重推动下，数字经济正以前所未有的速度和深度改变着世界经济的格局。从电子商务、金融科技到人工智能、物联网，数字经济不仅改变了企业的商业模式和消费者的行为方式，还深刻影响着传统实体经济的生产和运营模式。在这样的背景下，探索数字经济与实体经济的融合发展路径，对于实现经济高质量增长、提高国际竞争力具有重要意义。

数字经济的崛起可以追溯到 20 世纪末互联网的普及和信息技术的快速进步。以互联网为代表的信息技术革命，使得信息的获取和传播变得前所未有的便捷和高效，从而推动了数字经济的快速发展。随着技术的不断进步，数字经济的内涵和外延也在不断丰富和拓展。

数字经济的核心是数据和信息的有效利用。通过数据的采集、分析和应用，企业可以更好地了解市场需求、优化资源配置、提高生产效率。数字经济的快速发展还体现在电子商务的蓬勃兴起、金融科技的创新突破以及人工智能和大数据的广泛应用。这些新兴领域不仅是经济增长的新引擎，也为传统行业的转型升级提供了新的机遇。

实体经济是国民经济的基石，涵盖了制造业、农业、服务业等传统行业。随着数字化浪潮的到来，实体经济面临着一系列新的挑战。首先，全球市场竞争加剧，企业需要在提高生产效率、降低成本和提升产品质量方面不断创新。其次，消费者行为的变化对传统商业模式提出了新的要求。消费者越来越注重个性化、便利性和体验感，这需要企业在产品和服务的提供上更加灵活和多样化。

此外，技术变革对劳动力市场产生了深远影响。自动化和人工智能的普及可能导致部分岗位消失，同时也对劳动者的技能水平提出了更高的要求。这对传统行业的劳动力结构和培训提出了新的挑战。

尽管数字经济和实体经济在发展路径上存在差异，但两者的融合是实现经济高质量发展的必由之路。数字经济通过技术创新和数据应用，可以为实体经济带来新的增长动力和竞争优势。实体经济则为数字经济的发展提供了坚实的基础。

数字经济与实体经济的融合发展不仅有助于提高生产效率和产品质量，还能推动商业模式的创新和产业结构的升级。通过数字化技术的广泛应用，企业可以实现生产流程的自动化和智能化，提升供应链的透明度和协同性，增强市场响应能力。

融合发展的机遇还体现在产业链的延伸和价值链的重构上。数字经济与实体经济的深度融合，能够形成新的产业形态和价值创造模式，拓展经济发展的空间。例如，工业互联网的应用可以实现制造业的智能化升级，数字化金融可以为传统金融机构带来新的业务增长点。要实现数字经济与实体经济的深度融合，需要从政策、技术、人才、产业和国际合作等多个维度进行系统推进。

本书汇集了多位专家学者的研究成果，旨在通过理论分析与实践案例相结合的方式，深入探讨数字经济与实体经济融合发展的现状、挑战和路径。书中不仅分析了数字经济对实体经济的影响和推动作用，还探讨了实现融合发展的具体策略和实施路径。

通过对国内外典型案例的研究，本书提出了一系列具有实践意义的建议和对策，旨在为政府决策、企业转型和学术研究提供有价值的参考。我们希望本书能够为推动数字经济与实体经济的融合发展贡献智慧和力量，为实现经济的可持续发展和社会的全面进步提供支持。

数字经济与实体经济的融合发展是一个复杂而长期的过程，涉及技术创新、产业结构调整、政策支持等多个方面。面对数字化转型带来的机遇和挑战，我们需要以开放的心态和创新的思维，积极探索和实践新的发展模式。

愿我们在数字经济的浪潮中携手共进，共同开创经济高质量发展的新局面，实现社会的繁荣和人民的福祉。

本书第一、二、七、八、九章由黎军撰写，第三、四、五、六章由宋莹撰写，全书由黎军统稿。由于时间仓促，本书难免存在不足之处，恳请广大读者指正！

作者

2025 年 1 月

目　　录

第一章　绪　　论

第一节　研究背景

随着数字化技术的不断进步和应用领域的不断拓展，数字经济已经成为现代经济的核心，实体经济则是数字经济所服务的现实社会经济组织及其相关产业的总和。它们的融合对于经济社会的可持续发展乃至人类社会的进步，具有不可替代的作用。数字经济与实体经济融合发展的背景研究涉及数字化和信息化对经济结构和商业模式的深刻影响，以及实体经济如何与数字化发展相结合以促进经济增长和创新。

数字经济作为一种以数字信息技术为驱动、以数字化产品及服务为中心、以数字流通与数字支付为核心的经济形态，正逐渐成为世界经济发展的新引擎。随着数字经济的快速发展，实体经济在数字化转型中扮演着越来越重要的角色，数字经济与实体经济的深度融合已经成为业界和政府普遍关注的重要议题。

近年来，全球化和数字化成为经济发展的主要趋势之一。信息技术、互联网、大数据、人工智能等数字化技术的快速发展已经深刻改变了商业和经济活动的方式。这种技术革新加速了信息的传播和交流，也改变了消费者的行为和偏好。随着全球贸易和投资的增加以及数字化技术的普及，企业之间的竞争不再受限于地域，这对实体经济的发展提出了新的挑战。许多传统实体经济行业面临着数字化转型的压力。以互联网、电子商务、智能制造等为代表的数字经济新模式不断涌现，推动了传统产业的升级和转型。许多国家和地区都将数字经济发展作为重要的战略目标，并采取了一系列政策措施来推动数字经济与实体经济的融合发展。这些政策措施包括投资基础设施建设、加强人才培养、促进创新和创业等。随着数字化技术的普及，消费者的需求和行为也发生了变化：他们更倾向于在线购物、移动支付、个性化定制等新型消费模式，这对实体经济的商业模式和服务提供方式提出了新的挑战。实体经济企业需要与科技公司、研究机构等开展合作，共同探索新的商业模式、产品和服务，以适应数字化时代的发展趋势。

第二节　相关概念的界定

一、数字经济的概念和特征

1. 数字经济的概念

数字经济作为专用名词最早出现于20世纪90年代，但在20世纪50年代数字化技术就开始成为支撑经济活动的动力引擎[1]。

数字经济是指在数字化技术的推动下，经济活动日益依赖数字化、网络化和信息化的新型经济形态。它涵盖数字化技术在生产、流通、消费、管理等各个环节的应用，以及由此带来的经济变革和创新。它不仅仅是指利用计算机、互联网和移动通信等技术手段来提高传统产业的效率和效益，更是指通过数字化和网络化的方式来创造新的商业模式和经济增长点。数字经济涵盖电子商务、在线支付、数字化媒体、云计算、大数据分析、人工智能、物联网等技术的发展和应用。这些技术和平台改变了传统经济活动的方式，推动了经济的数字化转型和创新发展。

2. 数字经济的特点

(1)数字化生产和管理。

数字经济能够利用数字化技术改善生产过程、管理流程和资源配置，提高生产效率和管理效能，通过互联网和移动通信技术构建数字化平台，实现在线交易和在线服务。

(2)数据驱动决策。

大数据分析和人工智能等技术能够帮助企业和政府更好地理解市场和用户需求,做出更准确的决策。

(3)创新商业模式。

数字经济为新型商业模式(包括共享经济、平台经济、订阅经济等)的出现提供了土壤。

(4)全球化和普惠性。

数字经济使得经济活动跨越国界,加速了全球化进程,也为更多人提供了参与经济活动的机会。数字经济已经成为当今经济发展的重要动力之一,对于各行各业都具有重大的影响,并且在全球范围内不断发展壮大。

3. 数字经济关键要素

(1)数字化转型。

传统产业通过采用数字化技术来提升生产、管理、营销等方面的能力,实现生产效率的提高和商业模式的创新。

(2)数据资产化。

数字经济将数据视为一种重要的资产,通过采集、存储、处理和分析数据,提炼出有价值的信息,为企业和个人创造经济价值。数字化平台是以互联网和移动互联网为基础建立的各种数字化的交易平台、服务平台和社交平台,它能够促进信息流、资金流和人才流的畅通,推动产业协同和创新。

(3)云计算与大数据。

数字经济能够利用云计算技术和大数据分析方法,实现对海量数据的存储、处理和应用,为企业提供更精准的决策支持和个性化的服务。智能化技术(包括人工智能、物联网、机器学习等技术)的应用,赋予了数字经济更高的智能化和自动化水平,提升了生产效率和用户体验。

(4)数字化金融。

数字经济能够通过移动支付、虚拟货币等数字化金融工具,拓展金融服务的边界,促进金融体系的创新和普惠。

数字经济的发展不仅给经济结构和商业模式带来深刻影响,也对政府监管、个人隐私保护、社会公平等提出了新的课题和挑战。这些核心概念共同构成了数字经济的基础和支柱。

4. 数字经济的核心特征

(1)数字化生产与服务。

数字经济以数字化技术为基础,推动传统产业的数字化转型,提升生产力和效率。企业通过数字化技术开展生产、管理和服务,提供更加个性化、精准的产品和服务。

(2)数据驱动。

数据是数字经济的重要资源和核心驱动力。通过收集、分析和利用海量数据,企业可以深入了解市场需求、消费者行为和趋势,从而进行精准营销、产品创新和决策优化。

(3)网络化和平台化。

数字经济的发展促进了产业链和价值链的重构,形成了以平台为核心的商业生态系统。互联网平台为各类企业和个人提供了交流和合作的机会,促进了资源的共享和协同创新。

(4)新兴业态和模式。

数字经济的发展催生了一系列新兴产业和商业模式(如电子商务、共享经济、云计算产业、大数据产业、人工智能产业等)。这些新兴业态和模式不仅改变了传统产业的竞争格局,也创造了新的就业机会和经济增长点。

(5)跨界融合和创新。

数字经济的发展推动了不同领域之间的融合与创新,形成了一系列融合产业(如金融科技、健康科技、智慧城市等),加速了科技创新和产业升级的步伐。

数字经济的发展给经济结构、政府治理、社会生活等方面都带来了深远影响,同时也带来了诸多挑战(如数据安全和隐私保护、数字鸿沟、就业变革等),需要政府、企业和社会各方共同应对。

二、实体经济的概念

实体经济是指以物质生产和实物交易为主要内容的经济活动,也称为实体产业经济。在实体经济中，生产者通过对物质资源的转化和加工，生产出各种产品和服务，然后通过实物货币交易进行流通和交换。实体经济的主要特征包括以下几点。

(1)生产实物产品和提供实物服务。

实体经济的核心活动是生产实际存在的物品和服务，例如农业、制造业、建筑业、零售业、服务业等领域的生产和交易活动。

(2)资金和资源投入。

实体经济需要大量的资金和资源投入，包括人力、物力、财力等，用于生产设备、原材料、劳动力等方面。

(3)就业和收入。

实体经济是就业的主要来源之一，提供了大量的就业岗位，为社会创造了就业机会，并通过工资、奖金等方式向劳动者提供报酬。

(4)产业结构。

实体经济涵盖各个产业部门，包括第一产业(农业)、第二产业(工业)和第三产业(服务业)，形成了完整的产业结构。

(5)经济增长和国内生产总值(GDP)。

实体经济的发展对经济增长和国内生产总值有着重要的贡献，是经济发展的重要支撑。实体经济和数字经济相辅相成，在经济发展中发挥着不同的作用，共同推动着经济的持续增长和发展。

三、数字经济与实体经济融合发展的概念

数字经济与实体经济融合发展的概念是指通过数字化技术和实体经济的深度融合，促进经济结构优化、创新驱动和可持续发展。这种融合发展旨在充分发挥数字化技术在实体经济各个环节中的作用，提升实体经济的生产力、效率和竞争力，实现数字化转型和升级。以下是数字经济与实体经济融合发展的关键特点。

(1)数字化生产和管理。

通过在生产、管理、营销等各个环节广泛应用数字化技术，实体经济的生产效率和管理水平得到了提高。例如，采用物联网、大数据分析等技术优化生产过程，可以提升资源利用效率。

(2)创新驱动。

数字经济为实体经济注入了创新动力。通过数字化技术的应用，实体经济可以更好地进行产品创新、商业模式创新和管理创新，提升产品质量和市场竞争力。

(3)拓展市场和服务。

数字化技术为实体经济拓展市场和提供个性化服务提供了新的途径。例如，商家可以利用电子商务平台拓展销售渠道，提供在线客户服务和定制化产品。

(4)促进产业升级。

数字经济与实体经济的融合有助于推动产业结构升级和转型升级。引入先进的数字化技术和生产模式能够优化传统产业结构，提升产业附加值和竞争力。

(5)加强数字基础设施建设。

为实现数字经济与实体经济的融合发展，需要加强数字基础设施建设，包括信息网络、数据安全保障、数字化人才培养等方面的投入和支持。

数字经济与实体经济融合发展不仅可以促进经济持续增长、提升整体竞争力，还有助于推动经济的高质量发展、创新驱动发展和可持续发展。因此，政府、企业和社会各界应共同努力，推动数字经济与实体经济的深度融合，实现经济的全面发展和繁荣。

第三节　实体经济面临的困难与挑战

一、实体经济的现状

1. 湖北部分商业集团经营现状

数字经济蓬勃发展的另一面是传统实体经济的发展面临困境，特别是传统的商业实体面临着较大的挑战。由于电子商务等新兴行业的发展，传统商业实体面临一些困难。图 1.1 是中百集团近年来的利润趋势[2]，相比前几年,2022年净利润率大幅度下降,而且有加速下降的趋势。

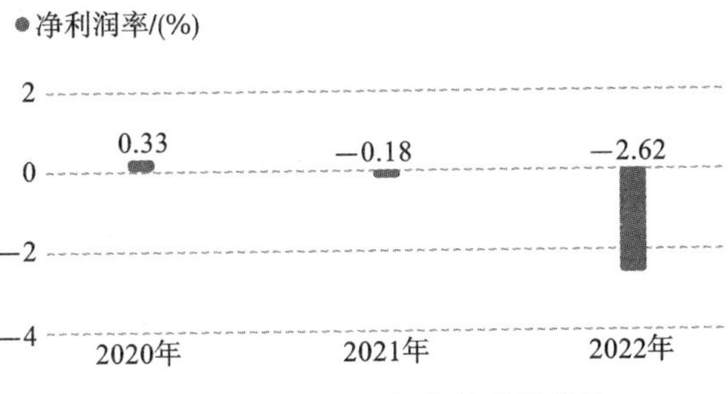

图 1.1 中百集团近年来的利润趋势

武汉中商集团公司财务状况与中百集团类似,不容乐观,其财务状况如表1.1所示[3]。

表 1.1 武汉中商集团公司财报

财报	2023一季报	2022年报	2022三季报	2022中报	2022一季报
营业收入	32.46亿元	129.81亿元	94.29亿元	62.83亿元	31.05亿元
营业收入同比增长	4.54%	−0.69%	−3.84%	−5.21%	−7.30%
净利润	4.53亿元	16.48亿元	15.35亿元	10.50亿元	5.05亿元
净利润同比增长	−10.30%	−28.44%	−10.27%	−5.53%	−18.25%
扣非净利润	4.24亿元	16.97亿元	16.27亿元	10.92亿元	5.72亿元
扣非净利润同比增长	−25.87%	−23.89%	−4.78%	−0.47%	−6.86%

2. 初步原因分析

(1)客户不断流失。

客户不断流失通常表现为公司持续失去现有客户,并且未能吸引新客户填补空缺,具体表现如下。

①公司持续失去现有客户,而且这种流失没有停止或减缓的迹象。每个周期都有新的客户流失,而新客户的增长无法弥补客户流失的缺口。

②流失的客户中不乏之前的优质客户,他们逐渐降低了购买频率和购买金额。

③来自竞争对手的竞争加剧,竞争对手可能通过降低价格、产品创新、营销策略等手段吸引了原本属于公司的客户。

通过客户调查分析可以得出客户流失的原因(例如服务质量、产品功能、价格竞争力等方面的不足）。随着客户的不断流失，公司的市场份额可能持续下降，会对业务造成实质性的影响。客户对公司的忠诚度在下降，他们更倾向于尝试其他品牌或服务提供商。

（2）市场份额不断缩小。

市场份额不断缩小的具体表现如下。

①公司的市场占有率持续下降，这种趋势可能已经持续了一段时间，并且没有出现明显的改善迹象。

②新的竞争对手进入市场，现有竞争对手提供了更具吸引力的产品和服务，从而削弱了公司的市场份额。

③公司的产品或服务的需求量减少，客户不再像以前那样频繁购买公司的产品或服务。

随着市场份额的缩小，公司的销售额和利润可能会减少，这可能对企业的财务状况产生负面影响。通过市场调查分析可以得出市场份额不断缩小的原因，可能涉及产品质量、价格竞争力、品牌形象等方面的问题。

市场份额不断缩小的现状对企业来说是一种严峻的挑战，需要企业及时采取有效的措施来调整和应对，以重建竞争优势，保持市场地位。

（3）利润率不断下降。

利润率不断下降表明企业面临一系列挑战和压力，造成利润率下降的原因有以下几点。

①成本的上升是导致利润率下降的主要因素之一。成本的上升可能来自原材料价格、人力成本、运输成本等方面的增加。

②市场上的价格竞争可能导致企业不得不降低产品或服务的售价，以保持竞争力。降价竞争会降低利润率。

③企业的销售量下降。在成本固定的情况下，销售量的下降会导致企业利润率的下降。这可能是由市场需求减少、竞争加剧或者其他因素导致的。

④企业可能没有正确制定产品定价策略，导致产品的售价与成本不匹配，从而降低了利润率。

⑤经济衰退、通货膨胀或者其他经济不稳定因素可能导致消费者购买力下降，进而影响企业的销售量和利润。不利的外部环境因素，如政策变化、法规限制、自然灾害等，也可能对企业的运营和利润率产生负面影响。例如，当

前的经济状况对第一产业、第二产业、第三产业都产生了影响，尽管影响的程度和方式可能因行业、地区和其他因素而异，具体如下。

a. 第一产业（农业）。气候变化、极端天气事件等可能影响农作物的生长和收成，对农业产出造成负面影响。消费者对食品安全方面的需求变化，可能导致农产品价格波动。政府的农业补贴、税收政策等政策调整可能影响农业的盈利能力。

b. 第二产业（工业）。全球化的生产和供应链可能受到国际贸易政策、关税变化等因素的影响，进而影响到工业生产。新技术的出现可能改变传统工业生产方式，要求企业进行技术升级和转型，对传统产业产生冲击。环境保护法规的加强可能导致一些高污染、高能耗的工业企业受到限制，增加企业的运营成本。

c. 第三产业（服务业）。全球性事件会对旅游业产生严重影响，导致旅游业收入急剧下降。消费者购买行为的变化（例如更多的网购）、市场竞争加剧等因素可能影响零售业的盈利能力。金融市场波动、利率变化等因素可能对金融机构的盈利能力产生影响。

二、实体经济的困难原因分析

1. 实体经济运营缺乏资金支持

实体经济运营缺乏资金支持是许多企业面临的常见挑战之一。这种情况是由多种因素导致的，以下是一些可能的原因。

(1)银行和金融机构对企业的信贷审批标准较为严格，可能会对企业的贷款申请提出较高的要求，使得企业难以获得资金支持。企业经营过程中可能会遇到现金流紧张的情况，无法及时偿还债务或满足日常经营需求。某些实体经济行业的运营成本较高，例如制造业需要大量资金投入原材料、人工成本等方面。

(2)某些行业市场竞争激烈，企业需要大量资金用于市场推广、产品研发等方面。由于这些实体经济行业面临着市场不确定性，投资者可能对这些行业持观望态度，不愿意提供资金支持。

综合来看，实体经济运营缺乏资金支持的问题是复杂多样的，需要企业在经营过程中及时调整战略、寻求外部支持，并与政府、投资者等各方合作，共同应对挑战，推动企业健康发展。

2. 企业经营成本提高，比较优势丧失

企业经营成本不断提高并且比较优势逐渐丧失是许多企业面临的挑战，这是由多种因素导致的，包括以下因素。

(1)原材料价格的上涨可能导致生产成本增加，影响企业的盈利能力。原材料价格的波动通常与供需关系、国际市场变化、地缘政治等因素相关。

(2)劳动力成本的增加是企业经营成本上涨的重要原因之一。例如，最低工资标准的提高、劳动力市场竞争激烈等因素都可能导致劳动力成本增加。

(3)政府对环境保护和安全合规方面的要求日益严格，企业需要投入更多的成本用于环境治理、废物处理、安全设备等方面。

(4)为了保持竞争力，企业需要不断投入资金进行技术更新和设备升级，以提高生产效率和产品质量，这也会提高企业的经营成本。

(5)激烈的市场竞争可能导致企业不得不降低价格来吸引客户，从而降低利润率，加大了经营压力。

3. 产能过剩和产品同质化问题

产能过剩和产品同质化问题是许多行业面临的挑战，这可能导致市场竞争激烈、企业利润下降，甚至引发行业的结构性调整。

产能过剩现象普遍存在，某些行业由于市场前景乐观或政策支持，存在过度投资现象，市场需求不足或增长放缓导致供需失衡，技术进步和生产效率提高，使得单位产出的成本降低，但同时也增加了总体产能，导致产能过剩。在竞争激烈的市场环境中，一些企业为了争夺市场份额，可能会模仿竞争对手的产品，导致产品同质化现象严重。一些企业缺乏技术创新和产品创新能力，导致产品同质化问题日益突出。

4. 网络经济对实体经济的挤压效应

随着网络经济的发展，消费者更倾向于在网上购物，而不是传统的实体店购物。这种转变导致实体店面的销售额下降，从而对实体经济产生挤压效

应。许多实体经济企业都面临着与网络经济竞争的挑战。由于网络经济的灵活性和效率更高,许多企业被迫调整商业模式以适应新的市场环境。随着网络经济的兴起,一些传统的实体经济产业逐渐被取代。这种调整可能导致某些实体经济行业的就业岗位减少或者产值下降。网络经济的全球性和跨界性使得竞争更加激烈。实体经济企业不仅要面对来自本地市场的竞争对手,还要面对全球范围内的竞争对手。这种竞争加剧可能会对企业的利润率和市场份额产生挤压效应。一些高技术人才可能更倾向于从事网络经济相关的工作,而不是传统实体经济的工作。这种人才流失削弱了实体经济的创新能力和竞争力。

网络经济的兴起对传统的实体经济产生了挤压效应,迫使实体经济企业不断调整自身策略和业务模式,以适应新的市场环境。这种变革带来的挑战需要企业和政府共同努力应对。

第四节 数字经济与实体经济融合发展研究的必要性

一、数字经济与实体经济融合发展研究必要性的体现

数字经济与实体经济融合发展研究的必要性体现在多个方面,涵盖经济、社会和政策层面的关键问题。

(1)创新与竞争力。

研究数字经济与实体经济融合发展有助于深刻理解数字化技术在实体经济中的应用,推动创新的商业模式和生产方式,从而提高企业的竞争力。

(2)经济增长。

对数字经济与实体经济融合发展进行研究可以帮助发现潜在的经济增长机会,促进数字化技术对实体经济的积极影响,为经济发展提供新的动力源。

(3)产业转型与结构调整。

数字经济的崛起正在推动实体经济的产业结构调整。研究数字经济与实

体经济融合发展有助于深入了解这一转型过程，指导企业更好地适应变化。

(4)就业与人才培养。

数字经济与实体经济的融合对劳动力市场和职业需求有着深远的影响。研究数字经济与实体经济融合发展有助于洞察社会对新兴职业的需求，培养符合未来就业市场需求的人才。

(5)政策制定与规划。

了解数字经济与实体经济融合发展的趋势和影响，对政府制定相关政策和规划至关重要。该研究可以为政府提供决策的科学依据，制定有利于可持续发展的政策。

二、政府对数字经济和实体经济融合发展的政策支持

数字经济和实体经济融合发展能够促进经济持续增长、提高经济效率、推动产业升级、增加就业机会，并为社会创新提供更广阔的空间。

促进数字经济和实体经济深度融合，是以习近平总书记为核心的党中央统筹中华民族伟大复兴战略全局和世界百年未有之大变局、深刻把握新一轮科技革命和产业变革新机遇作出的重大战略部署。2022 年 12 月，《中共中央 国务院关于构建数据基础制度更好发挥数据要素作用的意见》明确提出，构建数据基础制度要“以促进数据合规高效流通使用、赋能实体经济为主线”。2023 年 12 月 31 日，国家数据局等 17 个部门联合印发《“数据要素×”三年行动计划(2024—2026 年)》(下文简称《行动计划》)，旨在落实《中共中央 国务院关于构建数据基础制度更好发挥数据要素作用的意见》，充分发挥数据要素乘数效应，赋能经济社会发展。《行动计划》指出，实施“数据要素×”行动，就是要发挥我国规模市场大、数据资源多、应用场景丰富等多重优势，推动数据要素与劳动力、资本等要素协同，以数据流引领技术流、资金流、人才流、物资流，提高全要素生产率。重点行动包括：推进产品主数据标准生态系统建设，支持链主企业打通供应链上下游设计、计划、质量、物流等数据，实现敏捷柔性协同制造……支持企业整合设计、生产、运行数据，提升预测性维护和增值服务等能力，实现价值链延伸。

数字经济与实体经济融合发展的必要性体现在提高经济效率、推动产业升级、提升市场竞争力、增加就业机会、改善生活质量等多个方面，是促进经济持续增长和社会进步的重要途径。研究数字经济与实体经济融合发展，对各个行业、产业的发展具有极为重要的意义。

第五节 研究内容和逻辑框架

一、研究内容

1.本书研究的主要内容

(1)数字经济与实体经济定义与特征。

本书给出了数字经济与实体经济的定义，明确了二者的概念，还分析了数字经济与实体经济的主要特征，包括数字化技术的应用、数据驱动、创新等。

(2)数字化技术对实体经济的影响。

本书探讨了人工智能、大数据、区块链等数字化技术在实体经济中的应用，并分析了这些技术如何改变传统产业的生产方式、商业模式和市场格局。

(3)实体经济的数字化趋势与演变。

本书回顾了数字化趋势对实体经济的影响，讨论了实体经济中各个行业的数字化演变过程。

(4)融合发展的动因和机制。

本书深入研究了数字经济与实体经济融合发展的内在动因，包括技术创新、市场需求、政策支持等，还分析了两者之间的融合机制，例如数字化技术整合、数字化生态系统的构建等。

(5)实践经验与案例研究。

本书综合分析了不同行业的实践经验(包括成功的融合案例和可能的教训)，还提供了实际案例，展示了数字经济与实体经济融合发展的具体效果和挑战。

(6)政策支持。

本书调查了各国政府在数字经济与实体经济融合方面的政策支持。

(7)风险与挑战。

本书讨论了可能面临的风险，如安全性、隐私问题和技术壁垒，还分析了数字经济与实体经济融合发展在技术、社会和经济方面面临的挑战以及如何应对这些挑战。

(8)未来趋势和展望。

本书对数字经济与实体经济融合发展的未来趋势进行了展望，包括新兴技术的应用、产业发展方向等，提出了可能的研究方向和政策建议，以推动融合发展的可持续性。

这些内容构成了一个综合的研究框架，可帮助读者深入了解数字经济与实体经济融合发展的多个方面。

2. 具体内容

第一章的内容包括数字经济、实体经济的概念和特点，两者融合发展的概念和背景，数字经济与实体经济现状分析，数字经济与实体经济融合发展研究的必要性，研究的内容、框架和意义。

第二章的内容包括数字经济的发展历程、数字经济的国家战略及政策、我国数字经济发展的概况、数字经济与实体经济融合发展研究实践和进展。

第三章的内容包括数字经济在技术生态、社会环境、市场环境、消费心态以及经济政策上对实体经济的影响。

第四章的内容包括数字经济和实体经济融合发展的驱动因素。

第五章主要针对第一产业、第二产业和第三产业，根据数字经济与实体经济融合发展路径的不同，研究利用行业特点和优势，运用数字化技术，结合商业模式进行融合发展。

第六章通过引用中外著名的企业数字化转型或应用案例，说明数字化技术在实体经济中的应用，以及如何推动企业的再造、提高效率、增加利润、促进区域经济的发展。

第七章对数字经济与实体经济融合发展的未来趋势进行预测,为企业未来的发展进行前瞻性研究和准备。

第八章提出数字化提升实体经济的策略、挑战和要素。

第九章对研究成果做出总结,并提出意见与建议,阐述未来进一步研究的方向。

二、数字经济与实体经济融合发展研究的逻辑框架

数字经济与实体经济融合发展研究的逻辑框架如图 1.2 所示。

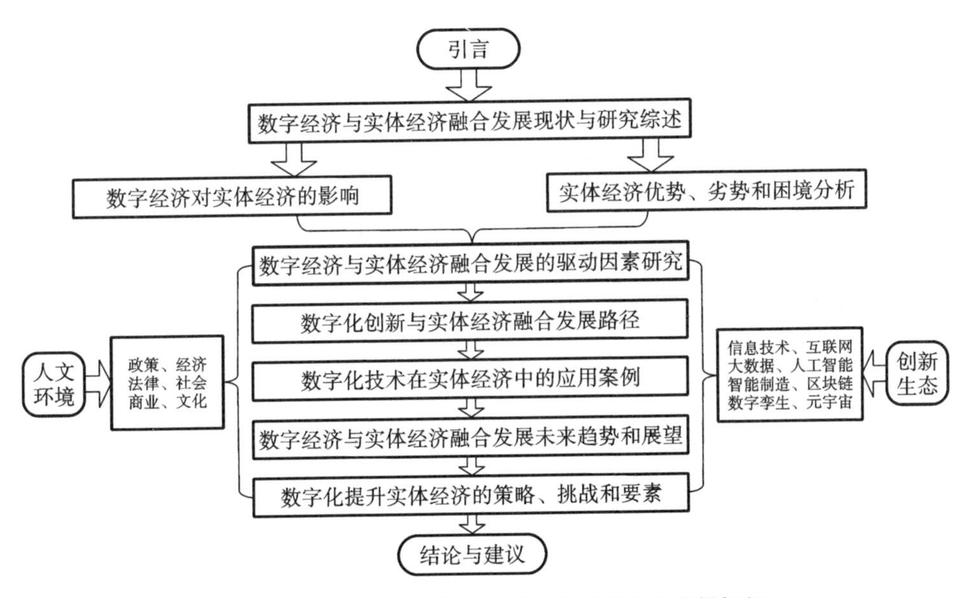

图 1.2 数字经济与实体经济融合发展研究的逻辑框架

第六节 创 新 点

本书具有以下创新点。

(1)跨学科研究。

本书将数字经济与实体经济融合发展研究与其他领域(如社会学、心理

学、法学）进行跨学科融合，以全面理解其影响和挑战。

（2）可持续发展视角。

本书将可持续发展原则引入研究，分析数字经济与实体经济融合发展对社会、环境和经济可持续性的影响，并提出可持续性的解决方案。

（3）创新商业模式。

本书分析了数字经济与实体经济融合发展下的新型商业模式，例如平台经济、共享经济对传统行业的冲击。

（4）减少乃至消除数字鸿沟。

本书研究了缩小乃至消除数字鸿沟的措施和手段，并提出了促进包容性增长的政策建议。

（5）数字化治理研究。

本书分析了数字经济与实体经济融合发展中的治理机制，包括政府、企业和社会的合作与竞争，以促进数字经济的可持续发展。

（6）未来趋势预测。

本书利用前瞻性的方法，尝试预测数字经济与实体经济融合发展的未来趋势，为决策者提供前瞻性的建议。

第二章　数字经济发展历程与实体经济的关系

第一节　数字经济的主要发展历程

1. 起步阶段

这一阶段，计算机技术崛起并开始得到应用。个人计算机的出现和普及，以及企业内部的信息化建设，为数字经济的发展奠定了基础。重要的里程碑包括个人计算机的诞生、Internet 的发展和 Web 的普及，这些技术进步为后续数字经济的发展提供了基础设施保障。

2. 互联网时代

互联网的普及和商业化带来了电子商务的兴起，使得人们可以在线购物、在线支付等。这一阶段见证了亚马逊、eBay 等电子商务巨头的崛起。与此同时，互联网的快速发展也带动了信息技术产业的蓬勃发展，促进了数字化技术的进步。

3. 移动互联网时代

随着智能手机的普及和移动互联网技术的发展，人们开始更多地使用移动设备进行网络活动和消费行为。移动互联网时代也见证了社交媒体的崛起，微信、QQ、抖音等社交平台成为人们日常生活和商业活动的重要一环。

4. 大数据与人工智能时代

大数据技术的兴起和人工智能的快速发展为数字经济注入了新的活力。

通过大数据分析，企业能够更好地理解市场和用户需求。人工智能技术的应用，如机器学习、自然语言处理等，使得数字经济更加智能化和自动化，能够为用户提供个性化的服务和体验。

5.数字经济全面普及和融合时代

未来数字经济将更加普及，并融合到各个领域（包括制造业、金融业、医疗保健、教育等）。数字经济的发展将进一步推动产业升级和经济结构调整。

数字经济的发展历程是一个不断演进和推陈出新的过程，伴随着科技的进步和社会需求的变化，数字经济产业将不断发展和壮大。

第二节　数字经济的深远影响

一、数字化技术对经济转型的影响

数字化技术对经济转型的影响是深远而多方面的，主要有以下几点。

（1）提高生产效率和降低成本。

数字化技术的应用可以提高生产效率，通过自动化和智能化的生产方式（如自动化生产线、智能物流管理系统等），减少人力成本和时间成本。同时，数字化技术使得企业能够更好地管理资源和成本，通过数据分析和预测，降低经营风险。

（2）创造新的商业模式。

数字化技术为企业创造了新的商业模式和盈利模式。共享经济、平台经济、订阅经济等新兴商业模式得以兴起，并在多个领域引发了商业革命。这些新的商业模式基于互联网和移动技术，打破了传统行业的壁垒，促进了资源的共享和利用效率的提升。

（3）拓展市场和增加销售渠道。

数字化技术使得企业能够拓展市场，并且通过各种在线平台和电子商务渠道实现销售。数字化技术使得企业的市场覆盖范围更广，销售渠道更多样化。通过互联网,企业可以触及全球化市场,而不再局限于地域或国界。

(4)提升用户体验和提供个性化服务。

数字化技术使得企业能够更好地了解用户需求,提供个性化的产品和服务。通过数据分析,企业可以更精准地定位用户群体,了解用户喜好和行为习惯。这种个性化服务不仅提升了用户的满意度,也增加了用户的忠诚度,为企业带来了持续收益。

(5)促进创新和产业升级。

数字化技术的不断创新推动了产业的升级和转型。新兴技术的应用,如人工智能、大数据、物联网等,催生了许多新的产业和商业模式。创新和科技驱动的产业升级,使得经济结构更加多样化和高效化,提升了企业的竞争力和创新能力。

数字化技术对经济转型的影响是全方位的,从生产方式、商业模式到市场格局都发生了深刻的变化。这种变革为经济的持续增长和发展提供了新的动力和机遇。

二、数字经济的增长趋势和影响

数字经济在全球范围内呈现出持续增长的趋势,并对全球经济产生了深远影响。

(1)持续增长趋势。

数字经济的增长呈现出持续、稳定的趋势。随着数字化技术的不断发展和普及,数字经济在全球范围内迅速推广。电子商务、在线支付、数字娱乐、云计算、人工智能等领域的发展,为数字经济的增长提供了强劲动力。

(2)推动经济转型和升级。

数字经济的发展推动了传统产业向数字化、智能化转型,促进了经济结构升级和产业优化。许多国家和地区正在积极推进数字化战略,加大对数字经济基础设施建设和人才培养的投入,以应对经济转型带来的挑战。

(3)促进全球经济一体化。

数字经济加速了全球经济一体化的进程。通过互联网和数字化技术,各国之间的贸易、投资、信息流动更加便捷和快速。电子商务平台、在线支付系统等数字经济基础设施的建设，为全球贸易和跨境投资提供了新的机遇和平台。

（4）改变消费模式和行为。

数字经济改变了消费者的消费模式和行为习惯。越来越多的消费者选择在线购物、移动支付等数字化模式进行消费，推动了零售业态的转型和升级。这种消费模式的改变影响了零售业、物流业、金融业等多个行业的发展方向和竞争格局。

（5）提升生产效率和创新能力。

数字经济提升了生产效率和创新能力。通过大数据分析、人工智能技术等数字化技术的应用，企业能够更好地了解市场需求，优化生产流程，提高产品质量和服务水平。数字经济也为创新型企业和初创企业提供了更多的发展机会，促进了创新创业生态的形成和发展。

数字经济的增长趋势和全球影响表明，数字化技术已经成为推动经济增长和社会发展的重要引擎之一。

第三节 数字经济的国家战略以及现状

1. 数字经济已成为许多国家重要的发展战略之一

各国纷纷制定并实施一系列政策和措施来支持数字经济的发展，常见的数字经济国家战略和政策支持包括以下几个方面。

（1）数字基础设施建设。

国家重视数字基础设施的建设，包括宽带网络、5G 网络、数据中心等基础设施的建设和升级，以支持数字经济的发展。

（2）数字化人才培养。

政府加大对数字化人才的培养力度，制定相关政策和项目，支持高校和企业开展相关领域的教育和培训。

（3）政策和法律框架建设。

政府建立相关的法律、法规和政策框架，保护数字经济发展的环境和秩序，为规范数字经济的发展行为提供法律保障。

(4)资金支持。

政府通过金融机构和投资基金等渠道,为数字经济领域的企业提供资金支持,促进数字经济产业链的完善和发展。

(5)数字化创新生态体系建设。

政府支持和鼓励创新型企业的发展,建立数字化创新生态体系,推动科技创新和技术应用在数字经济领域的落地。

(6)数字化政府和公共服务。

数字经济推动政府机构和公共服务向数字化转型,可提高政府服务的效率和质量,促进政府治理和社会管理的现代化。

(7)国际合作和交流。

各国促进数字经济领域的技术交流和合作,推动国际标准和规范的制定和实施,共同推动数字经济的发展。

这些国家战略和政策支持有助于为数字经济营造良好的发展环境,激发数字经济的活力和创新力,推动数字经济的健康发展。不同国家的具体政策和实践可能有所不同,但都致力于推动数字经济的发展,实现经济转型和社会发展的目标。

2. 我国的数字经济战略以及数实融合战略

数字经济是我国经济高质量发展的重要创新力和推动力,党中央高度重视数字经济发展,先后出台《数字经济发展战略纲要》《“十四五”数字经济发展规划》《数字中国建设整体布局规划》等政策措施,从国家层面对数字经济进行战略部署。

商务部在《促进数字经济和实体经济深度融合》一文中提出:当前,世界百年未有之大变局加速演进,互联网、大数据、云计算、人工智能、区块链等数字技术正在成为新旧动能转换、重组全球要素资源、构筑国家竞争新优势的战略举措与关键力量。该文章强调以下几点[4]。

①促进数字经济和实体经济深度融合是推进中国式现代化的内在要求。

②数字产业化为促进数字经济和实体经济深度融合夯实根基。

③产业数字化激活数字经济和实体经济深度融合的发展动能。

④统筹推进数字产业化与产业数字化协同发展。

习近平总书记强调:加快发展数字经济,促进数字经济和实体经济深度融合,打造具有国际竞争力的数字化产业集群。新时代,新征程。促进数字经济和实体经济深度融合,是赋能经济社会高质量发展的重要路径与有力支撑,是推动中国式现代化建设的必然选择。

第四节 近年来数字经济的发展状况

一、近年来世界数字经济发展状况

1. 2021 年主要国家数字经济状况

2021 年主要国家数字经济规模如图 2.1 所示。

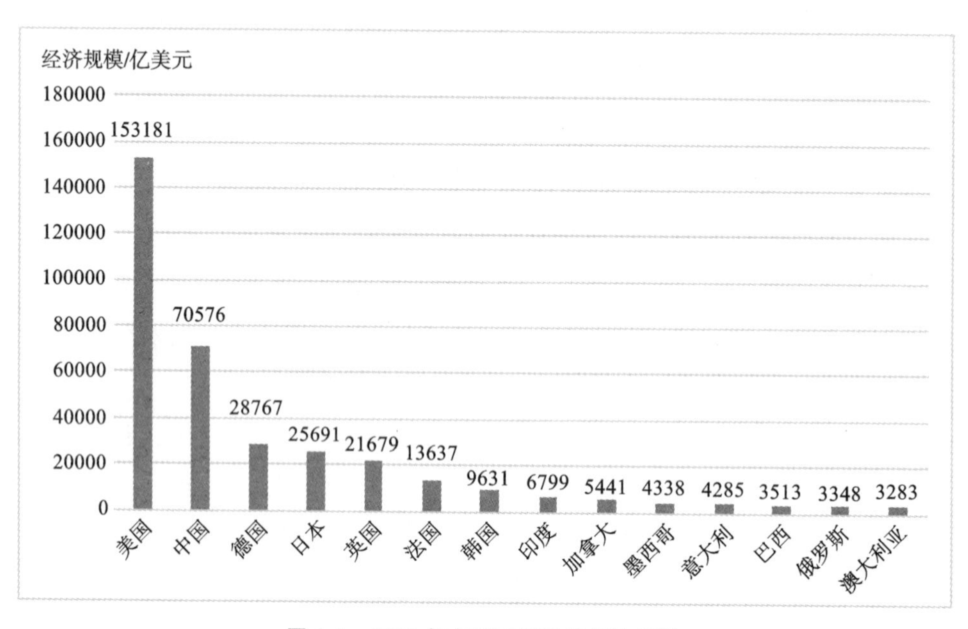

图 2.1 2021 年主要国家数字经济规模

在数字经济占 GDP 比重方面,德国、英国、美国位居全球前三位,均超过 65%。韩国、日本、爱尔兰、法国等四国数字经济占 GDP 比重也超过本书所统计国家的平均水平。

在增速方面，受 2020 年各主要国家经济下滑影响，计算基数较低，2021 年全球主要国家数字经济均实现高速增长，其中挪威数字经济同比增长 34.4%，位居全球第一。

在产业渗透方面，发达国家产业数字化转型起步早、技术应用强、发展成效明显。

在第一产业数字化方面，美国第一产业数字经济渗透率最高，超过 30%。德国、韩国、俄罗斯、中国、挪威等 13 个国家第一产业数字经济渗透率也高于本书所统计国家的平均水平。在第二产业数字化方面，美国、英国等第二产业数字经济渗透率高于所统计国家的平均水平。在第三产业数字化方面，英国、德国、美国第三产业数字经济发展遥遥领先，第三产业数字经济渗透率均超过 60%[5]。

2. 2022 年主要国家数字经济状况

2022 年主要国家数字经济整体发展如图 2.2 所示。

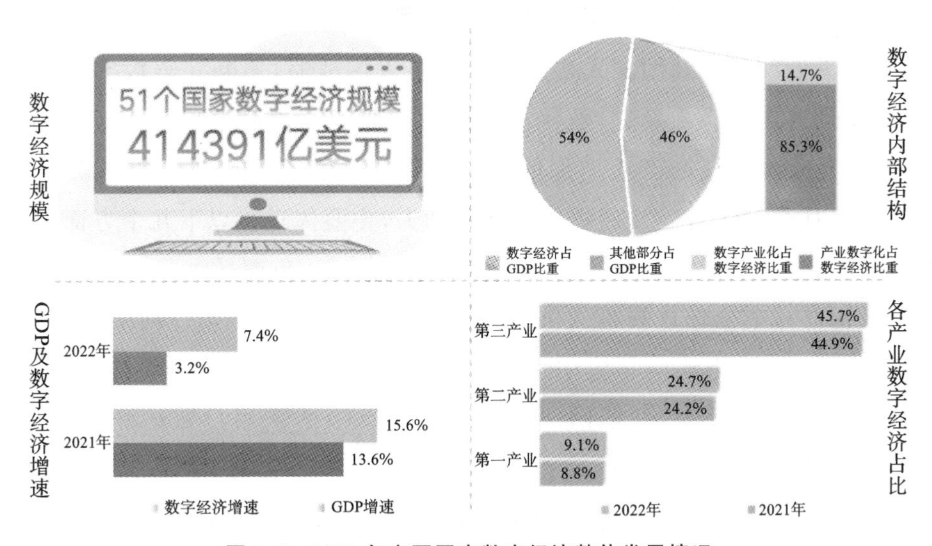

图 2.2　2022 年主要国家数字经济整体发展情况

来源：中国信息通信研究院

在数字经济占 GDP 比重方面，2022 年，全球 51 个主要经济体数字经济占 GDP 比重为 46%，2021 年为 44%，同比提升近 2 个百分点，数字经济在国民经济中的地位稳步提升。

在增速方面,数字经济成为全球经济增长的活力所在。2022 年,全球 51 个主要经济体数字经济同比增长 7.4%,高于同期 GDP 增速 4.2 个百分点,有效支撑全球经济复苏。

在结构方面,数字化技术加速向传统产业渗透,产业数字化规划 35.3 万亿美元,占数字经济比重为 85.3%,占 GDP 比重为 39.3%,较 2021 年提升 1.8 个百分点。

在产业渗透方面,数字经济持续渗透全球第三产业、第二产业、第一产业,2022 年,全球 51 个主要经济体第三产业、第二产业、第一产业数字经济增加值占行业增加值比重分别为 45.7%、24.7%和 9.1%,分别较 2021 年提升 0.7、0.5 和 0.2 个百分点[6]。

二、我国数字经济发展的基本概况

1.“十三五”时期我国数字经济基本概况

“十三五”时期,我国深入实施数字经济发展战略,不断完善数字基础设施,加快培育新业态新模式,数字产业化和产业数字化取得积极成效。2020 年,我国数字经济核心产业增加值占国内生产总值比重达到 7.8%,数字经济为经济社会持续健康发展提供了强大动力,主要体现在以下几个方面。

(1)信息基础设施全球领先。

我国已建成全球规模最大的光纤和第四代移动通信(4G)网络,第五代移动通信(5G)网络建设和应用正加速推进。宽带用户普及率明显提高,光纤用户占比超过 94%,互联网协议第六版(IPv6)活跃用户数达到 4.6 亿。产业数字化转型正在稳步推进:农业数字化得到全面推进;服务业数字化水平显著提高;工业数字化转型加速,工业企业生产设备数字化水平持续提升,更多企业迈上“云端”。

(2)新业态、新模式竞相发展。

数字化技术与各行业加速融合,电子商务蓬勃发展,移动支付广泛普及,在线学习、远程会议、网络购物、视频直播等生产生活新方式加速推广,互联网平台日益壮大。

（3）数字政府建设成效显著。

一体化政务服务和监管效能大幅度提升，“一网通办”“最多跑一次”“一网统管”“一网协同”等服务管理新模式广泛普及，数字营商环境持续优化，在线政务服务水平跃居全球领先行列。

（4）数字经济国际合作不断深化。《二十国集团数字经济发展与合作倡议》等在全球赢得广泛共识，信息基础设施互联互通取得明显成效，“丝路电商”合作成果丰硕，我国数字经济领域平台企业加速出海，影响力和竞争力不断提升。

2. 2023年中国的数字经济规模

伴随数字中国以及网络强国战略的深入实施，我国数字经济全面发力，发展势头迅猛。

数字经济正在对各产业进行高度赋能。国家税务总局公布的数据显示，2023年我国数字经济核心产业销售收入同比增长8.7%，较2022年增长2.1个百分点，占全部销售收入的比重达12.1%。与此同时，企业采购数字化技术支出同比增长10.1%，较2022年增长3.2个百分点。举例来讲，5G技术已经应用于97个国民经济大类中的71个，而工业互联网更是已经覆盖所有工业大类[7]。

3. 中国电子商务及网上交易情况

（1）2022年我国电子商务以及网上交易情况。

根据《中国电子商务报告（2022）》，2022年，全国电子商务交易额达43.83万亿元，按同比口径计算，比2021年增长3.5%。2011—2022年全国电子商务交易额和2011—2022年全国网上零售额分别如图2.3和图2.4所示。

从国家统计局公布数据来看，近年来，电子商务交易额由2018年的31.63万亿元增长至2022年的43.83万亿元，实物商品网上零售额占社会零售总额的比重超过四分之一；2013年，我国成为全球最大网络零售市场；近年来，电子商务从业人数从4700万增加至超过7000万。而从国家统计局公布的最新数据来看，电商行业仍处于稳步发展的阶段，并且线上消费对国内消费的拉动作用也在持续增强[8]。

（2）2023年我国电子商务发展情况。

2023年商务部贯彻落实党中央、国务院关于加快发展数字经济的决策

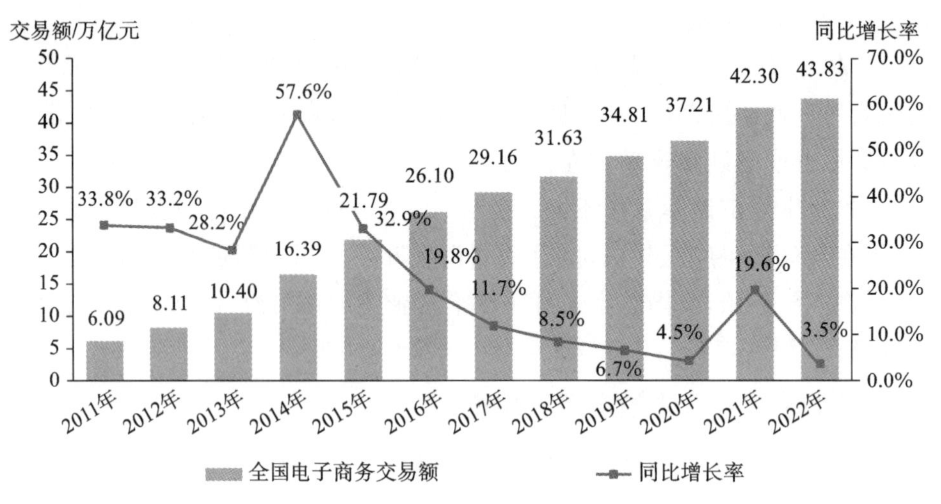

图 2.3　2011—2022 年全国电子商务交易额

来源：国家统计局

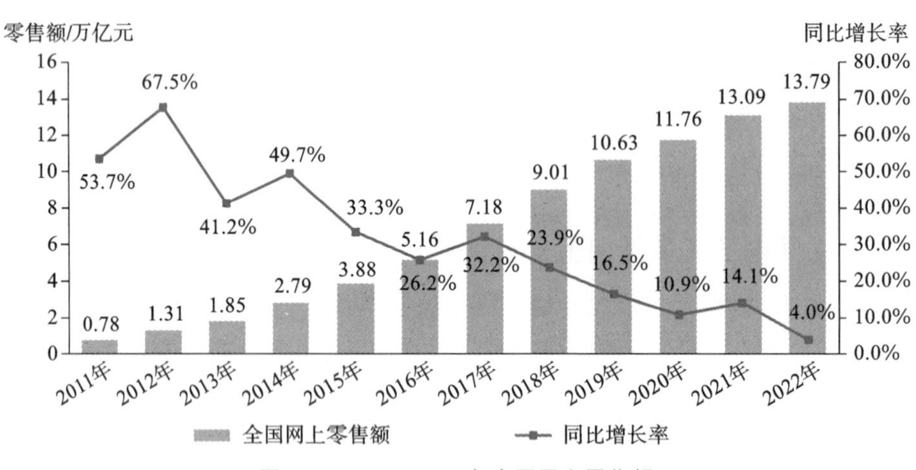

图 2.4　2011—2022 年全国网上零售额

来源：国家统计局

部署，推动电子商务在恢复和扩大消费、促进数实融合、深化国际合作中发挥重要作用，高质量发展取得积极成效。

①扩大消费新动能更加强劲。

2023 年全年网上零售额为 15.42 万亿元，较 2022 年增长 11.8%；实物商品网上零售额占社会零售总额比重增至 27.6%，创历史新高；绿色、健康、智能、“国潮”商品备受青睐，国产品牌销售额占重点监测品牌比重超过

65%；促进家居消费政策出台以来，适老家具、家庭影院、家用装饰品分别同比增长 372.1%、153.3%和 64.6%。

②服务消费新热点更加多元。

在线旅游、在线文娱和在线餐饮销售额合计对网上零售额增长贡献率达 23.5%，拉动网上零售额增长 2.6 个百分点。其中在线旅游销售额增长 237.5%，哈尔滨冰雪季、贵州村超等旅游亮点频出；在线文娱销售额增长 102.2%，其中演唱会在线销售额增长 40.9 倍；在线餐饮销售额增长 29.1%，占餐饮消费总额比重进一步提高到 22.2%。

③数字经济与实体经济融合模式更加丰富。

产业电商平台交易功能进一步强化，商务部重点监测平台交易额增幅达到 30%；国家电子商务示范基地作用更加凸显，整合培育形成 30 余个数字化产业带，助力行业企业降本增效；"数商兴农"成效显著，全年农村网上零售额和农产品网上零售额分别达 2.49 万亿元和 0.59 万亿元，增速均快于网上零售额总体。

④国际合作新空间更加广阔。

"丝路电商"伙伴国增加到 30 个；上海"丝路电商"合作先行区 34 项任务已经启动，电子商务制度型开放新高地建设初见成效；与东盟共同发布加强电商合作倡议，为全球数字化治理贡献中国智慧；我国举办国家级全球数字贸易博览会，打造贸易强国建设新平台；上海、广西、陕西、海南等举办东盟好物网购节、中亚主题日，开展使节直播，线上、线下国际电商合作进一步深化；国内主要电商平台进口商品销售额达 2903.4 亿元，消费选择更加丰富多元[9]。

第五节　国内外的研究进展

一、国际研究进展

1. 引文分析

本书利用 2014 年到 2024 年 Web of Science 网站的 800 篇和数字经济

有关的文献,使用 CiteSpace 进行引文分析(图 2.5),将它们主要分成以下 10 个聚合群:digital economy(数字经济)、sharing economy(共享经济)、sustainable development(可持续发展)、systematic literature review(系统文献回顾)、platform economy(平台经济)、digital transformation(数字化转型)、assessing relation(评估关系)、platform (平台)、holistic review(全盘回顾)。

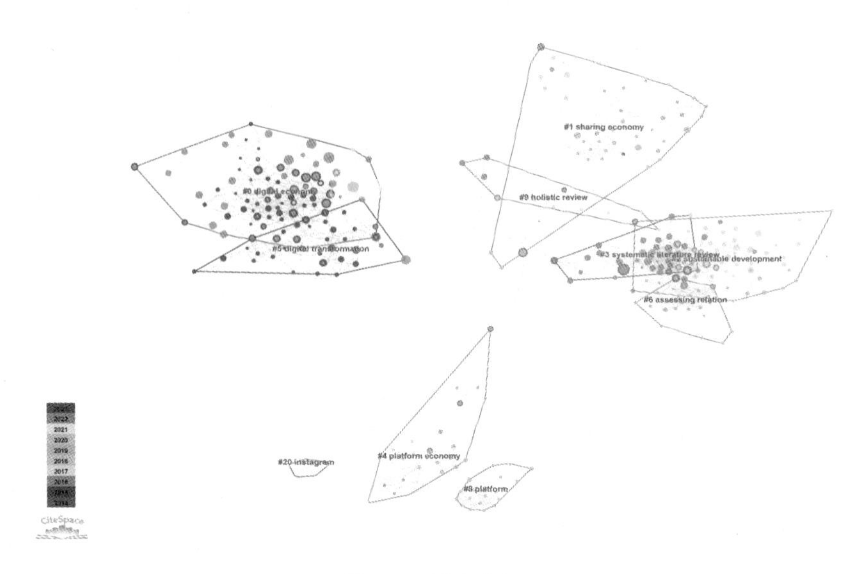

图 2.5 引文分析

按数量排序的各聚合群文章引用数量如表 2.1 所示。

表 2.1 按数量排序的各聚合群文章引用数量统计表

群号	文章数量	标签	热点年份
0	84	digital economy(数字经济)	2021 年
1	51	sharing economy(共享经济)	2016 年
2	51	sustainable development(可持续发展)	2018 年
3	40	systematic literature review(系统文献回顾)	2019 年
4	29	platform economy(平台经济)	2015 年
5	26	digital transformation(数字化转型)	2020 年
6	25	assessing relation(评估关系)	2016 年
8	19	platform (平台)	2017 年
9	11	holistic review(全盘回顾)	2018 年

按年份排序的各聚合群文章引用数量如表 2.2 所示。

表 2.2　按年份排序的各聚合群文章引用数量统计表

群号	文章数量	标签	热点年份
4	29	platform economy(平台经济)	2015 年
6	25	assessing relation(评估关系)	2016 年
1	51	sharing economy(共享经济)	2016 年
8	19	platform (平台)	2017 年
9	11	holistic review(全盘回顾)	2018 年
2	51	sustainable development(可持续发展)	2018 年
3	40	systematic literature review(系统文献回顾)	2019 年
5	26	digital transformation(数字化转型)	2020 年
0	84	digital economy(数字经济)	2021 年

从上述表格不难发现，从 2015 年到 2021 年，研究热点发生了从“平台经济”“共享经济”“平台”“可持续发展”到“数字化转型”和“数字经济”的变化。

从上述引文分析可以看出，近些年数字经济的形态已经从开始准备阶段转入原始积累阶段，因此目前研究的热点转向了数字化转型以及数字经济。

2. 作者分析

对前述和数字经济相关的文献，使用 CiteSpace 进行作者分析，如图 2.6 所示。

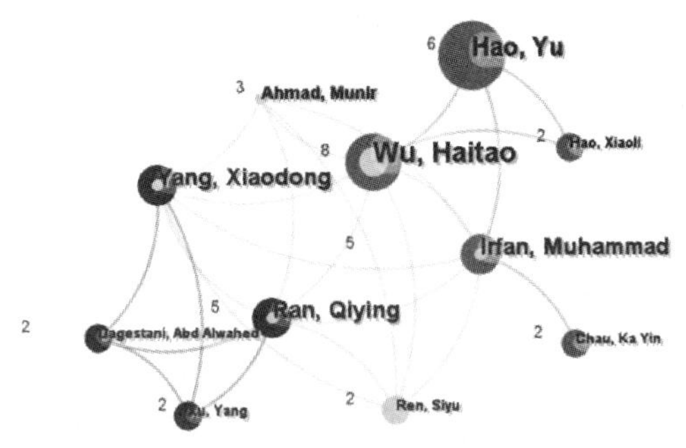

图 2.6　作者分析

通过作者分析，我们可以得到被引用最多的 9 名作者，如图 2.7 所示。

Top 9 Authors with the Strongest Citation Bursts

Authors	Year	Strength	Begin	End	2014—2023
Duffy Brooke Erin	2015	1.13	2015	2016	
Bovy Jo	2016	1.13	2016	2017	
Allende Prieto Carlos	2016	1.13	2016	2017	
Carrera Ricardo	2016	1.13	2016	2017	
Bizyaev Dmitry	2016	1.13	2016	2017	
Cebrian Manuel	2016	0.79	2016	2019	
Autor David	2017	1.16	2017	2020	
Wu Haitao	2021	2.81	2021	2023	
Irfan Muhammad	2021	1.74	2021	2023	

图 2.7　被引用最多的 9 名作者

不难发现，Wu Haitao 团队自 2021 年起，被引用次数远超其他团队。该团队被引用最多的论文为《数字化与能源：互联网的发展如何影响中国的能源消费?》。该文章认为互联网技术打破了传统地理空间的边界，大大缩短了区域之间的时空距离，并最大限度地方便了各种资源的整合。因此，在数字经济时代，网络信息技术的快速发展，能源互联网和其他新形式的网络经济可能会影响能源的消耗。同时，互联网开发有助于通过经济增长、研发投资、人力资本、金融发展和工业结构升级等途径加速能源消耗强度的下降。综上所述，该文章认为数字经济对实体经济有着积极的促进作用。

除上述 9 名作者外，Hao Yu 团队同样发表了许多被高频引用的文章，其中被引用最多的论文是《数字化对绿色经济增长的作用：工业结构优化和绿色创新是否重要?》。该论文认为在全球经济衰退和环境问题的交织影响下，数字经济表现出了强大的韧性和巨大的潜力。因此，有必要专注于数字经济中绿色经济的价值。数字化显著促进了绿色经济的增长，边际影响为 1.648。机理分析揭示了三个关键中介因素的中间效应排序，即绿色技术创新＞高级工业结构＞工业结构的合理化。数字化对绿色经济增长呈正面影响，并呈现出空间上的“同时共振”特征。研究还发现两者之间存在明显的区域空间异质性和资源天赋异质性。最后，这项研究提出了相应的政策建议，如建造新的数字基础设施和引导绿色能源消费。

二、国内研究进展

本书以“实体经济”作为关键词，利用 CiteSpace 进行关键词分析，得到如图 2.8 所示的知识图谱。

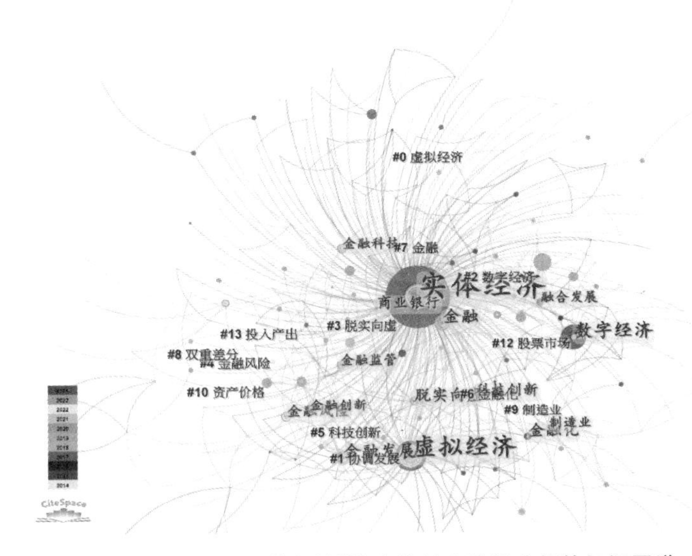

图 2.8　以“实体经济”作为关键字进行分析的知识图谱

从文献研究的结果来看，伴随着实体经济的发展，虚拟经济开始出现并形成一个经济发展的副中心。

从引用最多的 6 个关键词来看(见图 2.9)，研究热点逐渐从“脱实向虚”“金融服务”“金融化”“区块链”发展到“融合发展”和“数字经济”，这是一个认识不断深化的过程，也是研究不断深化的过程。

Top 6 Keywords with the Strongest Citation Bursts

Keywords	Year	Strength	Begin	End	2014—2024
脱实向虚	2016	2.65	2017	2018	
金融服务	2018	2.69	2018	2019	
金融化	2018	2.69	2019	2020	
区块链	2020	3	2020	2022	
融合发展	2016	3.57	2021	2024	
数字经济	2021	16.17	2022	2024	

图 2.9　引用最多的 6 个关键词

实体经济的发展往往需要经历上述过程，实体经济将同数字经济结合，不断相互促进，最终共同发展。

第六节 数字经济与实体经济融合发展研究综述

数字经济与实体经济融合发展的研究文献涵盖多个学术领域。许多文献从经济学、管理学、信息技术等多个角度对这一主题进行了深入探讨。以下是一些典型的研究文献。

(1)任保平的《数字经济与实体经济融合推动新型工业化》(经济科学出版社)。

该书立足于世界工业化发展和数字经济发展的新趋势，研究了数字经济与实体经济融合推动新型工业化问题，其内容包括世界工业化发展的趋势、发展经济学的工业化理论、新型工业化的内涵与定位、数字经济背景下的新型工业化、数实融合推动新型工业化等[10]。然而该书没有对实体经济和数字经济冲突的根源进行分析，且该书的研究重点是工业，对其他产业的研究涉及较少。

(2)蔡跃洲的《数字经济与中国经济发展：理论机制及实证分析》(中国社会科学出版社)。

该书强调数据要素的关键作用并指出数据要素的非竞争性、低复制成本、非排他性、外部性、即时性等技术-经济特征是提升企业生产经营效率、实现价值创造能力倍增、增加消费者福利、支撑高质量发展的微观基础[11]。该书从数字产业化、产业数字化、新技术-新要素-新基建三个不同视角，厘清数字化技术和数字经济内涵，梳理数字化技术和数字经济影响宏观经济高质量发展的理论机制，但该书侧重于学术层面，主要针对专业读者，读者范围相对较窄。

(3)于施洋、王建冬、郭鑫共同创作的《数字中国：重塑新时代全球竞争力》(社会科学文献出版社)。

该书在回顾数字中国建设的历史背景与发展历程的基础上，从第四次信息技术革命催生经济社会大变革的历史背景出发，对数字中国建设的技术经济演进逻辑进行深入剖析。同时,该书提出了数字中国建设总体框架,提倡综合运用共词网络、情感分析、文本聚类、社交网络分析、机器学习、数据可视化等大数据分析方法,全面描绘了数字中国发展的现状和未来发展态势,进而提出未来引导和推动数字中国建设持续健康发展的对策建议[12]。该书重点在于阐述数字化技术及其发展,对实体经济数字化升级说明较少。

(4)龚奕、李志男、张微共同创作的《数字经济大变局》(世界图书出版公司)。

该书纵览数字经济发展大势,洞悉数字经济产业机会,聚焦数字经济国家政策,助力数字经济健康发展。该书对数字经济构成、发展阶段、产业形态,以及5G、区块链、人工智能、元宇宙等创新应用,未来数字经济全球化演化与治理等,进行了较系统的分析[13]。但该书对实体经济如何进行数字化升级及人才培养方面涉及不多。

以上文献涉及数字经济与实体经济融合发展的不同方面,包括理论基础、政策支持、产业创新、人才培养和技术创新等,可以为相关领域的研究提供参考和借鉴。

第三章　数字经济对实体经济的影响机制

数字经济对实体经济的影响机制是多维度、多层次的，它不仅改变了生产方式和市场格局，也深刻影响了企业的组织结构和经营模式，推动着经济结构的转型和升级。

第一节　数字化技术的应用

一、数字化生产流程

引入物联网、大数据分析等数字化技术，可实现生产流程的数字化监控和优化，提高生产效率。

(1)生产更加高效、降低成本。

自动化设备和机器人技术可以使生产更加高效，同时降低成本。例如，在汽车制造业中，装配线上的机器人可以自动完成重复性高、精度要求高的任务，如焊接、组装等。这样可以大大提高生产速度和产品的一致性，并减少人为错误和降低废品率。数字化生产流程可以实时监控生产环境中的各种参数和指标，并及时提供反馈。在工厂生产线上安装传感器，可以监测机器状态和生产过程中的关键参数，如果出现异常，系统可以立即发出警报，操作人员可以迅速采取措施，从而避免生产延误或质量问题。数字化生产流程可以利用算法和数据分析技术对生产计划进行优化和调整。基于实时数据和需求预测，系统可以智能地安排生产任务、调配资源，并优化生产顺序，以确保生产效率最大化。这可以帮助企业降低生产成本，提高资源利用率。

(2)加强企业与合作伙伴之间的协同和沟通。

数字化技术可以加强企业与合作伙伴之间的协同和沟通。通过数字化平台，企业可以与供应商、物流公司等实现实时信息共享，共同优化供应链流程，及时应对变化和风险。这有助于减少库存水平、缩短交货周期，以及提高整体供应链的响应能力和效率。

(3)质量控制和持续改进。

数字化生产流程可以提供更多的数据和信息用于质量控制和持续改进。通过收集、分析生产过程中的大数据，企业可以发现潜在问题和瓶颈，并采取相应的措施进行改进。例如，利用数据分析技术识别生产中的质量异常和关键影响因素，可以实现质量管理的精细化和优化。数字化生产流程通过实时监控、智能调度、供应链协同和质量控制等方式，可以提高生产效率，降低成本，提升产品质量，增强企业竞争力。

二、智能制造

智能制造可以提高生产线的自动化程度，减少人工干预，提升制造效率。

(1)实现生产线的自动化操作。

智能制造利用自动化技术实现生产线的自动化操作。例如，汽车制造中的机器人装配线可以自动完成多个装配任务，从而提高生产效率和产品质量。智能制造利用传感器和大数据分析，可以实现设备的预测性维护。通过监测设备运行数据和性能指标，系统可以预测设备的故障和维护需求，避免突发停机，提高生产线的可靠性和稳定性。

(2)实时监控生产过程中的各种参数和指标。

智能制造系统可以实时监控生产过程中的各种参数和指标，如温度、压力、湿度等。基于实时数据，系统可以进行优化调整，提高生产效率和产品质量。例如，智能控制系统可以实现能源消耗最优化，降低生产成本。

(3)智能制造具有柔性生产能力。

智能制造具有柔性生产能力，可以根据需求快速调整生产线，适应不同的产品类型和订单量。例如，数字化工艺流程和柔性制造设备可以实现快速转换生产线,从而更好地满足市场需求。

(4)利用物联网技术实现设备的互联互通。

设备间的数据共享和协同工作可以优化生产流程,提高生产效率和资源利用率。智能制造不仅依赖自动化设备,还强调人机协作。人员可以通过与智能系统的互动,更加高效地参与到生产过程中,例如通过虚拟现实技术进行培训和操作指导,可以提高操作员的技能水平和生产效率。

综上所述,智能制造通过自动化、数据分析、柔性生产和人机协作等手段,可以有效提高生产效率,降低生产成本,提高产品质量,从而提升企业的竞争力和市场地位。

第二节　数字化技术优化供应链管理

一、实时信息共享

数字化技术通过实时信息共享,可以优化供应链的可见性和协同性,降低库存和提高运营效率。假设一家零售商通过实时销售数据和 POS(point of sale)系统追踪产品销售情况,这些数据与供应链中的供应商和生产商共享。当销售数据显示某一产品的需求量突然增加时,供应链中的生产商和供应商可以立即获取这些信息。生产商可以根据这些实时销售数据调整生产计划,确保及时供应,避免库存短缺或过剩。

供应商也可以根据需求数据调整自身的库存管理策略,以便更好地满足零售商的需求。生产过程中的实时监控数据可以帮助生产团队及时发现生产中的问题或瓶颈。例如,如果某一生产线出现故障或生产速度下降,相关团队可以立即获知,并进行相应调整以减少生产中断时间。同时,实时信息共享还可以帮助团队协调解决生产中的问题,提高生产效率和质量。

物流公司可以通过 GPS 追踪货车位置和了解交通状况,实现实时运输跟踪和路线优化。如果在运输过程中出现延迟或其他问题,物流公司和接收方可以立即获知,并采取相应措施,例如重新安排交付时间或寻找替代运输路线。这种实时信息共享有助于减少货物的滞留时间和运输成本,提高交付准时率和客户满意度。实时信息共享有助于识别和管理供应链中潜在的风险。例如,通过监控全球供应链中的天气情况、政治事件和其他不确定因素,企业可以及时了解潜在的风险因素。一旦发现风险,企业可以立即采取行动,例如寻找替代供应商或调整生产计划,以降低风险对企业的影响。

综上所述,实时信息共享可帮助供应链各方更好地掌握市场需求、生产情况和运输状态,从而优化供应链管理,提高生产效率,降低成本,提高客户满意度。

二、区块链

区块链在供应链中的应用可以提高交易的透明度和可追溯性,减少信息不对称和风险。区块链可以用于建立产品的溯源系统,记录产品从原材料采购到生产加工、运输和最终销售的全过程。例如,食品行业可以利用区块链记录食品原材料的来源、生产日期、生产批次等信息,消费者可以通过扫描产品上的二维码或使用手机应用程序查看产品的溯源信息,确保食品安全和真实性。这种透明度和可追溯性有助于减少供应链中的欺诈行为,提高产品质量和信誉。区块链智能合约可以自动执行供应链中的合同和支付条款,减少人为干预和发生纠纷的可能性。例如,一旦货物被成功交付,智能合约可以自动付款给供应商,确保支付的及时性和准确性。区块链还可以用于跟踪货款的流向,提供全程可视性,减少欺诈和错误支付的可能性。

区块链可以实现供应链中各个环节的实时数据共享和可追溯性,帮助企业更好地管理库存和优化供应链。供应商、制造商、物流公司和零售商可以共享实时的库存数据、订单状态和交付信息,以便及时调整生产计划和库存水平,提高供应链的效率和灵活性。利用区块链,可以建立起一个不可篡改的产品数据库,记录每个产品的制造和流通过程。当发现伪劣产品进入供应链时,可以通过区块链追踪到其源头,确定责任方和问题发生的环节,从而采取有效措施,防止类似事件再次发生。区块链可以改善供应链金融的流程,提高资金流动性和透明度。区块链可以实现供应链中的资金流动实时跟踪和结算,减少资金占用和信用风险,提高供应链金融的效率和可靠性。

综上所述，区块链在供应链管理中的应用可以提高供应链的透明度、可追溯性和安全性，降低成本和风险，增强信任和合作关系，从而优化供应链管理并提升整体效率。

第三节　数字化持续创新商业模式

一、数字平台经济

数字平台的兴起改变了传统商业模式，促使企业采用更加开放、灵活的商业模式，推动了共享经济等新兴业态的发展。

(1)共享资源平台。

共享资源平台(如 Airbnb、哈啰出行等)通过数字平台经济模式连接服务提供者和服务需求者。通过这些平台，人们可以将闲置资源(如车辆、房屋)转化为收入来源，提供给需要的用户。这种模式颠覆了传统的服务提供方式，提供了更加灵活、便利的服务，并为提供者和使用者创造了新的收入来源和节省成本的机会。

(2)电子商务平台。

电子商务平台(如亚马逊、淘宝、阿里巴巴批发网、全球速卖通平台、京东、拼多多等)提供在线购物和销售服务，通过数字平台连接了商家和消费者。这些平台提供了丰富的商品选择、便捷的购物体验和安全的交易环境，改变了传统零售业务的运营方式，使消费者可以随时随地进行购物。同时，对于商家来说，电子商务平台提供了进入全球市场的机会，降低了销售门槛和成本，促进了创业和市场拓展。

(3)数字内容平台。

数字内容平台(如 Netflix、今日头条、小红书、西瓜视频、抖音等)通过提供在线视频、音乐和其他数字内容，吸引了大量用户和内容创作者，用户可以根据个人喜好和需求选择并消费各种数字内容。这些平台通过广告、订阅或付费模式等方式获得收入。这种模式为内容创作者提供了创作机会和新的收入来源，同时为用户提供了丰富多样的内容选择。

(4)数字支付平台。

数字支付平台(如PayPal、支付宝、微信支付等)提供在线支付和金融服务,简化了支付过程并提高了支付安全性。用户可以通过这些平台进行线上支付、转账和理财,商家也可以接受来自全球各地的支付,促进了全球贸易和金融的便利化。

(5)社交媒体平台。

社交媒体平台(如微信、微博、QQ等)通过连接用户和社交网络,提供了即时沟通、信息分享和社交互动的渠道。这些平台通过广告和其他商业模式获得收入,同时为企业提供了推广和品牌营销的机会。

综上所述,数字平台通过连接用户和服务提供者、创造新的服务和商业模式,改变了传统产业的运营方式,推动了创新和经济增长。这些数字平台不仅提供了便利和效率,还为用户和企业创造了新的商业机会和价值。

二、数字化产品与服务

数字经济催生了新型数字化产品和服务,如云服务、数字娱乐等。数字化产品与服务的创新为商业模式带来了许多变革。

1. 订阅模式创新

(1)软件即服务(SaaS)。

许多软件公司转向SaaS模式,将传统软件产品转换为基于订阅的服务。例如,Microsoft Office 365、Adobe Creative Cloud、WPS、百度云盘、迅雷等都采用了这种模式。用户可以根据需要选择不同的订阅计划,并随时获取最新版本的软件,而不必担心软件更新和许可证问题。

(2)内容订阅服务。

数字化产品和服务还催生了许多内容订阅服务,如华盛顿邮报、Netflix、Spotify等。用户可以根据需求订阅这些服务,并随时访问广泛的内容库,从而改变了传统的购买模式。

(3)付费资源下载和观看。

例如,知网会员可以付费下载数以百万计的中外论文和各种电子刊物;哔哩哔哩会员可以付费观看各种娱乐视频、专业视频。这些平台可以提供付费知识学习和认证服务,通过会员的形式,利用在线阅读、在线练习、视频学习和在线考试,使用户学习新知识、新技能,并通过考试获得认证,从而增加职场竞争力。

(4)定制化和个性化服务。

数字化产品和服务使得定制化和个性化服务变得更加容易实现。例如,许多在线零售商和电商平台提供了个性化推荐和定制化产品选项,根据用户的偏好和行为推荐相关产品和服务。

2. 数据驱动的创新

数字化产品和服务通过数据收集和分析,使得企业能够更好地了解客户需求和行为,从而优化产品和服务。例如,社交媒体平台通过分析用户行为和兴趣,提供个性化的广告和内容,从而提高用户参与度和广告收入。物联网技术的发展使得许多传统产品和服务变得智能化。例如,智能家居产品可以使用户通过手机应用远程控制和监控家庭设备,智能健康监测设备可以实时监测用户健康数据并提供个性化的健康建议。

3. 区块链和数字货币创新

区块链可以改变传统商业模式中的信任机制和交易方式。例如,区块链可以用于确保供应链中产品的可溯源性和透明度,从而提高产品质量和用户信任度。此外,数字货币(如比特币和以太币)也正在改变传统金融系统中的支付和交易方式。

综上所述,数字化产品和服务通过订阅模式、平台经济、定制化服务、数据驱动的创新、物联网和智能化服务以及区块链和数字货币等方面的创新,促成了许多新的商业模式的出现,从而推动了经济的发展。

第四节 数字智能化服务

一、个性化服务

数字智能化服务利用大数据和人工智能,满足用户的个性化需求,提升用户体验。

(1)个性化推荐系统。

数字智能化服务利用大数据和机器学习算法分析用户的历史行为、偏好和兴趣,从而向用户推荐符合其个性化需求的产品或服务。例如,Netflix、B站、抖音以及各大视频网站的推荐系统根据用户的观看历史、评分和偏好,利用机器学习算法为用户推荐直播、电影、电视和短视频。通过分析用户的观看记录和反馈,系统可以不断优化推荐结果,提高用户的观看满意度和体验。

(2)个性化营销和定价策略。

数字智能化服务利用大数据分析用户的购买历史、消费习惯和行为模式,以精准营销和定价策略满足用户的个性化需求。几乎所有的App都有这个功能,特别是社交媒体巨头(如今日头条和腾讯),以及在线交易平台(如拼多多、淘宝和京东等),这些平台通过分析用户的浏览和购买历史,向用户推荐个性化的产品,并根据用户的行为和偏好调整价格策略。例如,平台针对特定用户群体提供优惠券或开展折扣活动,以提高购买转化率和用户忠诚度。

(3)智能客服和在线支持。

数字智能化服务利用自然语言处理和机器学习技术,构建智能客服系统,为用户提供个性化的在线支持和服务。例如,苹果的Siri、谷歌的Google Assistant、几乎所有在线购物平台的智能助手等,它们可以根据用户的指令和问题提供个性化的答案和建议。这些智能助手不仅可以回答常见问题,还可以根据用户的偏好和历史数据提供定制化的服务体验。

(4)预测性维护和支持。

数字智能化服务利用大数据分析和机器学习算法,预测产品或服务可能出现的故障或问题,提前采取维护和支持措施,以提升用户体验。例如,工业设备制造商可以利用传感器数据和大数据分析技术,监测设备的运行状态和性能指标,预测可能出现的故障和问题,并提前进行维护和保养。这样可以避免设备突发故障,减少生产中断和客户投诉,提升客户满意度。

通过以上方式,利用大数据和人工智能技术可以更好地理解和满足客户的个性化需求、提升用户体验、增强客户忠诚度,并在市场竞争中取得优势。

二、数字化营销

数字智能化服务利用社交媒体、搜索引擎等数字渠道，改善营销策略，增强品牌互动。

(1)微信营销。

企业可以创建微信公众号，在其中发布品牌故事、产品资讯、促销活动等内容，吸引粉丝关注和互动。例如，一家时尚品牌可以通过微信公众号分享最新的时尚趋势、搭配建议和购物指南，与粉丝分享时尚生活。企业可以开发微信小程序，提供在线购物、预订服务、品牌体验等功能。例如，餐饮企业可以开发在线点餐小程序，让用户通过微信快速订餐，提高用户体验和便利性。

(2)微博营销。

企业可以在微博上创建官方账号，发布品牌资讯、活动信息、产品推广等内容，与粉丝进行实时互动和交流。例如，一家汽车品牌可以在微博上发布新车上市活动、车型介绍和用户评价，吸引用户关注和参与讨论。企业可以利用微博热门话题进行营销推广，与用户分享品牌故事、事件互动等内容，提升品牌曝光度和关注度。

(3)搜索引擎营销。

企业可以通过在搜索引擎购买关键词广告，使其品牌在搜索结果页面中显示，提高品牌曝光度和点击率。例如，一家酒店可以购买与目的地相关的关键词广告，吸引用户点击并访问官网预订房间。企业可以在百度知道和百度贴吧等平台上积极参与用户讨论和问题解答，提升品牌在搜索引擎中的权威性和可信度。

(4)短视频平台营销。

企业可以在抖音、快手等短视频平台上发布创意短视频广告、品牌宣传片等内容，吸引用户关注和分享。例如，一家美妆品牌可以在抖音上发布化妆教程、产品试用体验等视频，增加品牌曝光度和用户互动。

(5)直播营销。

直播营销是指在现场随着事件的发生、发展进程同时制作和播出节目的营销方式，该营销活动以直播平台为载体，从而达到提升品牌影响力或产品销量的目的。直播营销作为数字经济时代企业的重要营销方式之一，具有多个显著优势：实时互动性强、产品展示直观、能够提升品牌价值、促进销量增长、营销形式创新。常见的直播平台有快手直播、虎牙直播、斗鱼直播、抖音直播等。

(6)社交电商。

企业可以将社交媒体平台的社交功能和电商功能结合，进行社交电商推广和销售。例如，通过今日头条商城、微信小程序或微博直播销售产品，企业可以提升用户购买体验和互动性。

通过以上数字渠道，企业可以与用户建立更紧密的联系，提升品牌认知度、用户体验和市场竞争力。在中国，数字营销渠道的发展迅速，为企业进行品牌推广、产品销售和用户互动提供了丰富的机会和多元化的平台。

第五节 数字化技术创新和研发

一、数字化技术创新

数字经济推动了技术的研发和创新，促进产业升级。

(1)数据驱动的创新。

数字经济时代，数据被视为新的石油，企业通过收集、存储、分析大数据来发现潜在的商业机会和消费者趋势。例如，电子商务巨头(如阿里巴巴和京东)利用大数据分析用户行为和购买模式，提供个性化的推荐和购物体验，从而促进了电子商务产业的发展。在医疗健康领域，大数据分析有助于提高疾病预测、诊断和治疗的精确度和效率。通过分析大规模的医疗数据，研究人员可以发现新的疾病模式、药物治疗方案和预防措施。

(2)人工智能技术的应用。

人工智能技术在数字经济中发挥着重要作用。例如，在金融领域，人工智能算法可以分析大量的金融数据，提高风险评估的准确性和效率。在制造业中,机器学习和自动化技术可以优化生产流程和资源利用,提高生产效率和产品质量。在医疗行业,人工智能和机器人技术应用得到发展,2023 年,达芬奇手术机器人全世界总计安装量达到 7779 台,其中美国 4668 台,其他区域 3111 台。在智能交通领域,人工智能技术可以优化交通流量、改善交通安全,并提供个性化的出行建议和服务,从而改善城市交通管理和公共交通体验。在中国各大城市,智能公交系统极大限度地方便了乘客、节省了时间、提高了效率、改善了乘客的乘坐体验。

(3)区块链技术的应用。

区块链技术作为一种去中心化的分布式账本技术,为数字经济提供了安全、透明和不可篡改的数据存储和交易方式。区块链技术可以改进支付系统、提高跨境支付的效率,并简化金融交易的结算流程。在供应链管理中,区块链技术可以实现产品溯源和提高产品透明度,减少信息不对称和欺诈行为,提高供应链的可追溯性和可信度。

(4)数字化创新生态系统的建立。

数字经济推动了数字化创新生态系统的建立,促进了跨行业、跨领域的合作和创新。例如,云计算、大数据、人工智能等新技术为创新企业提供了基础设施和技术支持,促进了创新产业的蓬勃发展。一些数字化创新中心和孵化器在促进创新企业的成长和发展方面发挥着重要作用(如提供资金、技术和市场支持),帮助创新企业加速产品研发和市场推广。

综上所述,通过数据驱动的创新、人工智能技术的应用、区块链技术的发展以及数字化创新生态系统的建立,数字经济为经济增长和社会发展提供了新的动力和机遇。

二、开放创新模式

通过数字平台,企业可以采用更加开放的创新模式,与外部创新生态系统合作。

(1)云计算平台的合作。

企业可以利用云计算平台,如阿里云、腾讯云和华为云等,与外部创新生态系统合作。这些云计算平台提供了丰富的基础设施和服务,包括计算、存储、数据库、人工智能和大数据分析等，为企业提供了创新的技术和资源支持。例如，一些企业可以利用云计算平台搭建数据分析和机器学习模型，从外部数据源中获取信息并进行分析，以发现新的商业机会和创新方向。

(2)开放创新平台的建立。

一些企业建立了开放创新平台，与外部创新生态系统进行合作。这些开放创新平台提供了开放的 API 接口和开发工具，允许第三方开发者和合作伙伴利用企业的技术和数据资源进行创新。例如，中国的互联网巨头腾讯通过开放平台，与第三方开发者和合作伙伴共享数据和技术资源，促进了生态系统的建设和创新。

(3)产业互联网平台的合作。

产业互联网平台将传统产业与数字化技术相结合，为企业提供数字化转型的解决方案和服务。这些平台通常与产业链上的多个环节进行合作，涉及制造、物流、金融、营销等方面。例如，一些制造企业可以通过产业互联网平台与供应商、物流公司和金融机构进行合作，实现生产过程的数字化管理和优化。

(4)众包和众创平台的利用。

企业可以利用众包和众创平台，与全球范围内的创新者和合作伙伴进行合作，共同解决问题和推动创新。这些平台提供了一个开放的创新生态系统，鼓励外部创新者参与到企业的创新过程中来。例如，一些企业可以通过众包平台寻找创新解决方案或产品设计，或者通过众创平台与创业者和初创企业进行合作，共同探索新的商业模式和市场机会。

第六节　数字化金融服务

一、融资便利

数字化金融服务使融资变得更为便捷，能够支持创业公司和小微企业发展。

(1)线上借贷平台。

线上借贷平台通过数字化技术连接了资金提供方和资金需求方，为小微企业提供了便捷的融资渠道。创业公司和小微企业可以通过这些平台发布融资需求,并与愿意提供资金支持的投资者进行匹配。例如,中国的线上借贷平台为小微企业提供了快速的融资服务,简化了贷款的流程和手续。

(2)数字化银行。

数字化银行通过在线银行平台和移动银行应用,为创业公司和小微企业提供了便捷的金融服务,包括企业开户、贷款申请、转账结算等。例如,中国的网商银行、微众银行等数字化银行为小微企业提供了快速的企业开户和在线贷款申请服务,节省了时间和成本。

(3)供应链金融平台。

供应链金融平台通过数字化技术将融资与供应链管理相结合,为小微企业提供了更为便捷的融资渠道。企业可以通过供应链金融平台获得订单融资、应收账款融资等服务,提高资金周转率。例如,阿里巴巴的供应链金融平台"蚂蚁金服"、京东的"白条"为其平台上的小微企业提供了便捷的融资服务,帮助企业解决资金短缺问题,促进它们的业务扩张。

(4)小额信贷平台。

小额信贷平台通过数字化技术和大数据风控模型,为创业公司和小微企业提供了快速的小额贷款服务。该服务利用大数据分析和人工智能技术,评估借款人的信用风险,简化了贷款申请和审批流程。例如,中国的微贷网、拍拍贷等小额信贷平台,为创业公司和小微企业提供了灵活的小额贷款服务,帮助其解决短期资金需求。

这些数字化金融服务降低了创业公司和小微企业获得资金的门槛,促进了其发展壮大。同时,数字化金融服务也通过降低融资成本和提高融资效率,推动了创新和创业活动的蓬勃发展。

二、创新金融产品

数字化技术促进了新型金融产品(如虚拟银行、数字支付等)的推出。

(1)数字支付和电子钱包。

数字支付和电子钱包利用移动支付技术和数字货币,为用户提供了便捷的支付方式。用户可以通过手机等移动设备进行支付,而不需要携带现金或信用卡。例如,中国的支付宝和微信支付等数字支付平台已成为人们日常生活中不可或缺的支付工具，为个人和商家提供了便捷、安全的支付服务。

(2)智能投资顾问和量化投资。

智能投资顾问和量化投资利用人工智能和大数据分析技术，为投资者提供个性化的投资建议和自动化的投资组合管理服务。通过分析用户的投资偏好、风险承受能力和市场趋势，智能投资顾问和量化投资为投资者提供定制化的投资方案。例如，中国的智能投资顾问平台(如蚂蚁财富、富途证券等)通过智能算法和大数据分析，为投资者提供了个性化的投资组合配置和资产配置建议。

(3)区块链技术和数字货币。

区块链技术和数字货币为金融行业带来了革命性的变化。区块链技术可以提高金融交易的安全性和透明度，数字货币可以提供更便捷、低成本的跨境支付服务。例如，中国的数字货币电子支付系统是中国央行推出的数字货币系统，该系统通过区块链技术实现了人民币的数字化和电子支付，为金融体系带来了新的支付方式和交易模式。

(4)小额贷款和消费金融服务。

数字化技术为小额贷款和消费金融服务的创新提供了可能。通过大数据分析和风险定价模型，金融机构可以更准确地评估借款人的信用风险，为个人和小微企业提供小额贷款和消费金融服务。例如，中国的网贷平台和消费金融公司利用大数据分析和人工智能技术，为用户提供了快速、便捷的小额贷款和消费金融服务，支持了个人消费和小微企业的发展。

新型金融产品的推出，为用户和企业提供了更加便捷、安全和个性化的金融服务。

第七节　数　智　化

一、自动化与智能化

数字化技术的自动化与智能化影响了劳动力市场，部分工作可由机器和算法完成。

(1)自动化对工作岗位的影响。

自动化技术(如机器人、自动化流水线和自动化软件)正在取代一些重复性、机械性工作,导致劳动力市场的部分传统工作岗位减少。例如,许多制造业和生产业的装配线工人被机器人替代,许多简单的数据处理和录入工作被自动化软件取代。

(2)智能化对工作方式的改变。

智能化技术(如人工智能、大数据分析和机器学习)使得工作方式更加灵活和智能化。这些技术可以帮助企业更好地理解客户需求、优化生产流程和提高工作效率。例如,企业可以利用大数据分析和机器学习对市场趋势和客户行为进行预测,以便调整产品策略和市场营销方案。

(3)新兴行业和职业的涌现。

随着数字化技术的发展,新兴行业和职业不断涌现,为劳动力市场带来了新的机遇。例如,数据分析师、人工智能工程师、网络安全专家等职业成为劳动力市场的热门职业。同时,数字化技术的普及也催生了许多新兴行业(如共享经济、在线教育、数字媒体和电子商务等),为劳动力市场提供了更多的就业机会。

(4)技能要求的变化和再培训需求。

数字化技术的普及和应用使得劳动力市场对技能的需求发生了变化。传统的基础技能固然重要,但对熟练掌握数字化技术和信息技术能力的需求也越来越高。随着技术的迅速发展,劳动力市场需要不断进行再培训和技能更新,以适应新技术的应用和行业的变化。政府、企业和教育机构需要共同努力,提供更多的培训和教育资源,帮助劳动者适应数字化时代的工作需求。

数字化技术的自动化和智能化既提供了新的就业机会,也带来了一些挑战。劳动者需要不断提升自己的技能和适应能力,以应对数字化时代的工作需求。

二、新型工作模式

数字平台推动了新型工作模式(如远程办公、工作平台等)的出现。

(1)远程办公和在线协作工具。

在中国,随着互联网的发展,许多企业和机构开始采用远程办公和在线协作工具(如企业微信、钉钉和腾讯会议等)。这些工具允许员工在不同地点进行实时交流，提高了工作的灵活性和效率。例如，一些互联网公司和科技企业通过在线协作工具实现了远程办公，员工可以在家或其他地方进行工作，避免了交通拥堵和办公场地的限制，提高了工作效率和工作满意度。

(2)独立工作和自由职业者平台。

在中国，随着经济的发展和人们对个性化服务需求的增加，独立工作和自由职业者平台逐渐兴起。例如，58同城、猎聘等在线招聘平台为自由职业者提供了各种项目和兼职机会(如设计、写作、翻译等)。这些平台为自由职业者提供了更广阔的市场和更多的工作机会，使他们可以灵活选择项目和工作时间，实现个人事业的发展和提升。

(3)共享经济和兼职工作。

在中国，共享经济和兼职工作也得到了迅速发展。例如，美团、滴滴出行和快手等共享经济平台为个人提供了灵活的兼职工作机会(如外卖配送、网约车司机和短视频创作等)。这些新型的工作方式为个人提供了额外的收入来源和就业机会，促进了就业和经济的增长，同时也为消费者提供了更多选择和便利的服务。

(4)技能培训和在线教育。

数字平台也为个人提供了丰富的技能培训和在线教育资源。例如，中国的网易云课堂、中国大学MOOC等在线教育平台提供了各种专业技能和职业培训课程，帮助个人提升能力和竞争力。这些平台为人们提供了灵活学习的机会，使其可以根据自己的兴趣和需求选择合适的课程和学习方式，为未来的职业发展做好准备。

数字平台为个人提供了更多的就业机会和发展空间，同时也为企业提供了更灵活、高效的人力资源管理方式，推动了经济的发展和社会的进步。

第八节　数字化管理

一、数据驱动决策

数字化技术使企业能够通过数据驱动的方式进行决策，提高管理效能。

(1)电子商务平台数据分析。

电子商务发展迅速,许多企业通过自己的电商平台或者第三方电商平台进行销售。这些平台积累了大量的销售数据、用户行为数据和产品信息,商家可以根据这些数据了解产品热度、用户偏好,调整产品定价、促销策略和库存管理,提高销售效率和利润率。例如,阿里巴巴旗下的天猫、淘宝等电商平台,利用大数据分析用户的浏览、搜索、购买行为,为商家提供销售数据分析工具和推荐算法。

(2)移动支付平台数据分析。

移动支付在中国应用广泛,用户可以通过手机支付完成各种消费交易。支付宝、微信支付等移动支付平台汇集了大量的交易数据和用户行为数据。例如,商家可以通过支付宝的相关数据分析用户的消费习惯、支付偏好和地理位置信息,优化产品定位,提升用户服务体验,提高用户满意度和忠诚度。

(3)社交媒体数据分析。

社交媒体具有巨大的影响力,企业可以通过微博、微信公众号、抖音等社交媒体平台传播信息与用户进行互动。例如,企业可以通过社交媒体分析用户的关注度、互动行为和舆情反馈,了解用户的喜好和需求。根据这些数据,企业可以调整营销活动、产品推广方案和品牌形象,增强用户黏性和品牌影响力。

(4)物联网和供应链数据分析。

物联网技术在制造业和供应链管理中得到广泛应用,实现了设备互联、生产自动化和供应链可视化。例如,一些制造企业通过物联网传感器监测生产设备运行状态和产品质量,实现实时监控和预测维护。供应链企业通过物联网和供应链数据分析优化供应链管理,降低库存成本、减少库存积压和缩短供应链周期。

通过数据分析和利用,企业可以更好地理解市场、了解客户需求、优化产品和服务,从而提高管理效能和市场竞争力。这些例子表明,数字化技术为企业提供了丰富的数据资源和分析工具,使其能够更加智能地进行决策和管理。

二、实时监控和反馈

数字化系统实现了对企业运营的实时监控和快速反馈，可支持管理决策。

(1)制造业实时监控。

制造业可以利用数字化系统实现生产过程的实时监控。通过传感器、物联网设备和生产管理软件，企业可以监测生产线的运行状态、设备的工作情况以及产品质量参数等关键指标。例如，一些汽车制造企业利用数字化系统对生产线上的各个环节进行实时监控，如零部件的生产和装配全过程，确保生产过程的顺利进行和产品质量的稳定。

(2)零售业销售数据分析。

数字化系统可以帮助零售业实时监控销售数据和顾客反馈。零售企业可以通过销售时点信息系统、电子商务平台和客户关系管理软件收集销售数据和顾客信息，分析销售趋势和消费者行为。例如，一家连锁超市可以利用数字化系统分析每个店铺的销售数据和顾客购买习惯，及时调整商品陈列和促销策略，以满足顾客需求并提高销售效率。

(3)物流行业运输监控。

物流行业利用数字化系统实现了对运输过程的实时监控和跟踪。物流企业利用北斗定位技术、智能传感器和物联网平台，监控货物的运输路径、车辆的位置和运输状态，实现对货物流动的全程跟踪。例如，一家物流公司可以通过数字化系统随时监控货车的行驶路线和运输情况，及时调整路线和交通安排，确保货物准时送达目的地，并为客户提供实时的运输状态更新。

(4)金融行业风险管理。

金融行业利用数字化系统支持风险管理和决策过程。金融机构利用大数据分析和风险模型，对贷款申请、项目投资和金融交易进行实时监控和评估，识别和控制潜在风险。例如，一家银行可以利用数字化系统对客户的信用评级、贷款申请和交易记录进行实时监控和分析，识别高风险客户和交易，并及时采取相应的风险控制措施，保障资金安全和金融稳定。

综上所述，数字化系统为管理决策提供了数据支持和决策依据，提高了企业的管理效能和竞争力。

第九节　数字化贸易拓展和加速市场国际化

一、数字化贸易

数字经济促进了数字化贸易的发展,使企业更容易拓展国际市场。

(1)国际电子商务平台的兴起。

国际电子商务平台(如阿里巴巴、京东、亚马逊等)为企业提供了全球范围内的销售和采购渠道。企业可以通过这些平台在全球范围内展示和销售它们的产品,实现国际市场的拓展。例如,中国的国际电子商务平台(如阿里巴巴的1688、淘宝全球购等)为中国企业提供了拓展海外市场的机会,帮助它们将产品推向全球,吸引海外消费者。

(2)国际市场数字化营销和广告。

数字经济为企业提供了更为精准和个性化的营销手段。通过国际市场数字化营销和广告,企业可以针对特定的目标市场和受众群体进行定向推广,提高营销效率和投资回报率。例如,中国的企业可以利用社交媒体平台(如微信、微博等),通过精准的广告定位和内容推送,吸引海外用户关注和购买它们的产品。

(3)跨境支付和结算服务。

数字经济使得跨境支付和结算服务变得更加便捷和安全。通过数字支付和结算服务,企业可以与海外客户进行交易,实现资金的安全流转和结算。例如,中国的支付宝和微信支付等支付平台提供了跨境支付和结算服务,为中国企业和海外客户之间的交易提供了便利和保障。

(4)数字化物流和供应链管理。

数字经济推动了物流和供应链管理的数字化和智能化发展。通过数字化物流和供应链管理,企业可以实现全球范围内的库存管理、订单处理和物流配送,提高供应链的效率和可视化程度。例如,中国的跨境物流服务提供商(如顺丰国际、圆通国际等)为中国企业提供了海外仓储、物流配送和跨境运输服务，帮助它们顺利进入海外市场。

(5)跨境电商政策支持。

许多国家和地区出台了一系列政策措施，支持跨境电商和数字贸易的发展。这些政策措施包括关税减免、进出口便利化、贸易金融支持等，为企业拓展国际市场提供了政策支持和保障。例如，中国政府出台了一系列支持跨境电商发展的政策措施(包括设立自贸试验区、优化跨境电商进出口流程、提供跨境电商税收优惠等)，为中国企业拓展国际市场提供了政策支持和便利条件。

数字经济的发展促进了数字化贸易的蓬勃发展，为企业拓展国际市场提供了更多机会和便利条件。通过电子商务平台、数字化营销、跨境支付、数字化物流等手段，中国企业可以更容易地进入国际市场，开拓海外业务。

二、电子商务平台

电子商务平台使跨境贸易更为高效便利，加强了全球经济联系。

(1)拓展销售渠道。

电子商务平台为企业提供了一个全球化的销售渠道，使其能够更轻松地将产品推向国际市场。通过在线商城，企业可以直接接触到全球消费者，无须通过传统的渠道和中间商，大大降低了市场准入门槛。例如，中国的阿里巴巴集团旗下的全球速卖通平台，为中国制造商和出口商提供了机会，让它们可以通过平台展示产品、接触海外买家，并进行跨境交易。

(2)降低贸易成本。

电子商务平台简化了跨境贸易的流程，降低了贸易成本和交易风险。通过电子商务平台，企业可以与全球供应商和买家建立联系，进行线上交易和支付，避免了传统贸易的中间环节和烦琐手续，提高了交易的效率和透明度。例如，跨境电商平台提供了多种支付方式和物流选择，使跨境贸易的物流和支付更加便捷和可靠，降低了贸易风险和交易成本。

(3)提升市场普及度。

电子商务平台为企业提供了一个全球范围的市场，使其能够更广泛地触达潜在客户和目标市场。通过搜索引擎优化、社交媒体营销等手段，企业可以提升产品的曝光度和市场知名度，吸引更多的国际客户。例如，利用亚马逊、eBay 等知名跨境电商平台，中国的中小企业可以将产品推向全球市场，获取更多的国际客户及订单，实现业务的快速扩张和品牌的国际化。

(4)提供跨境服务和支持。

电子商务平台为企业提供了跨境贸易所需的各种服务和支持。这些服务包括国际物流、海关报关、支付结算、退款处理等，使企业能够更轻松地处理跨境贸易中的复杂流程和问题。例如，一些跨境电商平台提供了专业的国际物流服务和海关通关支持，帮助企业解决物流和海关问题，确保订单能够顺利到达国际客户手中。

综上所述，电子商务平台使跨境贸易更为便利，加强了全球经济联系。通过拓展销售渠道、降低贸易成本、提升市场普及度以及提供跨境服务和支持，电子商务平台为企业创造了更多的国际商机，促进了全球贸易的繁荣和发展。

这些机制相互交织，共同推动了数字经济与实体经济的融合发展。企业在适应这些机制的过程中需要灵活运用策略，以抓住数字经济带来的机遇。

第四章　数字经济与实体经济融合发展的驱动因素研究

第一节　数字经济与实体经济融合发展的主要驱动因素

中国学者欧阳日辉和龚伟基于“数字化技术—数据要素—数字平台”三位一体视角，提出了构建数字经济和实体经济“双循环”融合发展的理论框架[14]：以数字平台构建生态并以数字经济系统“内循环”为驱动，推动数字企业与传统企业在“外循环”中共同培育新型实体企业，促进数字经济与实体经济融合发展，孕育新型实体经济（图 4.1）。

数字经济与实体经济融合发展的驱动因素涵盖技术、市场、政策等多个层面。以下是数字经济与实体经济融合发展的主要驱动因素。

一、技术创新

1. 数字化技术发展

不断涌现的数字化技术（如人工智能、物联网、大数据、区块链等），为实体经济发展提供了丰富的技术工具。

（1）人工智能。

在制造业中，人工智能被广泛应用于智能制造和自动化生产线。例如，中国的一些制造企业利用人工智能优化生产流程、提高生产效率和产品质量。智能机器人在装配、搬运和包装等环节可以替代人力，降低人力成本，提

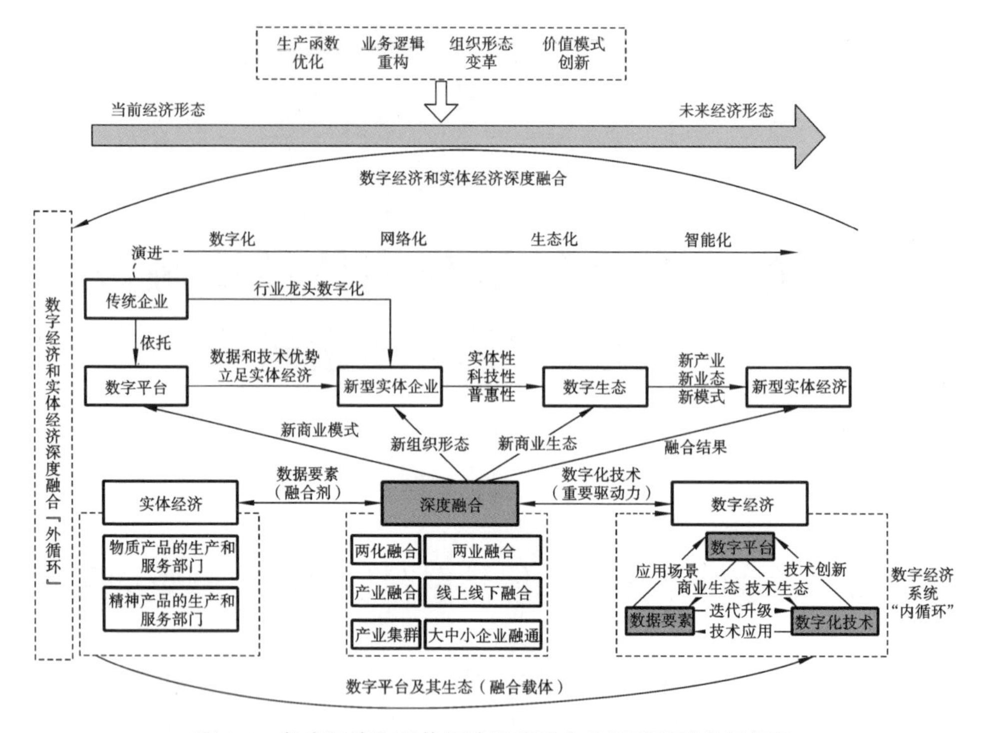

图 4.1 数字经济和实体经济深度融合的“双循环”发展框架

高生产效率。在客户服务和营销方面,人工智能被用于提升用户体验和提供个性化服务。中国的电商平台、社交媒体和金融机构通过 AI 算法分析用户数据,实现精准营销和客户关系管理。

(2)物联网。

在中国的工业制造领域,物联网技术被应用于智能工厂和智能生产设备中。传感器和物联网设备可以实时监测生产环境、设备状态和产品质量,帮助企业实现生产过程的数字化管理和智能化控制。在城市建设和智慧城市项目中,中国的各种传感器和物联网设备被部署在城市基础设施中,用于交通管理、环境监测、能源管理等方面,提高城市运行效率和公共服务水平。

(3)大数据。

在零售和电商行业,大数据技术被广泛应用于市场营销、用户分析和供应链管理。中国的电商巨头利用大数据分析用户行为和购买模式,提供个性化的推荐和精准营销,增强用户黏性和购买体验。在金融领域,中国的银行、保险公司和互联网金融机构利用大数据评估风险、识别欺诈行为,提高信贷决策和风险控制能力。

(4)区块链。

在供应链管理和物流领域,中国的一些企业利用区块链实现产品溯源和供应链透明化。通过区块链记录产品信息和交易流程,可以确保产品质量和安全,防止假冒伪劣产品的流入。在金融领域,金融机构积极探索区块链技术在支付结算、资产交易和跨境支付等方面的应用,以提高交易的安全性、透明度和效率。

人工智能、物联网、大数据和区块链等数字化技术促进了生产效率的提升、产品质量的改善以及管理决策的优化。这些技术的广泛应用推动了中国经济的转型升级,提升了产业竞争力和创新能力。

2. 智能制造

引入智能制造技术能够提高生产效率,实现生产流程的数字化、自动化和智能化。

(1)工业机器人。

汽车制造业是美国应用工业机器人最为广泛的行业之一。在汽车制造厂中,工业机器人被广泛应用于车身焊接、装配、喷涂等环节。例如,福特、通用汽车等汽车制造商在其工厂中大量使用工业机器人进行汽车组装和生产线作业。这些机器人可以高效地完成重复性任务,提高了生产效率和产品质量。

德国提出了工业 4.0 概念,旨在将数字化、自动化和智能化技术应用于制造业。该概念强调了工业生产的数字化、互联和智能化,以提高生产效率和灵活性。例如,德国的制造企业引入了工业机器人、自动化生产线和数字化生产管理系统,实现了生产过程的自动化和智能化。这些技术使得生产过程更加灵活、高效,并且能够根据市场需求快速调整生产计划和产品组合。

中国制造业在汽车、电子、机械等领域广泛应用工业机器人。例如,在汽车制造业,一些知名汽车厂商和零部件供应商引入了工业机器人用于焊接、装配、涂装等生产环节。比如,中国的长城汽车、上汽集团等汽车制造商,在车身焊接和装配生产线上大量采用工业机器人,这些机器人能够实现高速、精密的操作,提高了生产效率和产品质量。

(2)数字化生产管理系统。

许多美国制造企业采用数字化生产管理系统来实现生产流程的数字化和自动化管理。这些系统可以实时监控生产线上的设备运行状况、生产进度、库存情况等信息。例如,通用电气在其制造工厂中引入了数字化生产管理系统,通过监控和分析生产数据,及时调整生产计划、优化资源配置,提高了生产效率和产品质量。

许多中国制造企业引入数字化生产管理系统来监控和管理生产过程。这些系统可以实时收集、处理和分析生产数据,帮助企业实现生产流程的数字化、自动化和智能化。例如,一些大型制造企业在其生产车间安装了智能传感器和设备,通过物联网技术实现设备状态监测、生产数据采集等功能,从而提高了生产线的运行效率和产品质量。

(3)大数据分析技术。

美国许多制造企业利用大数据分析技术来优化生产过程、提高生产效率和产品质量。通过收集和分析生产数据、设备运行数据等信息,企业可以发现生产过程中的潜在问题并及时采取解决措施。例如,波音公司利用大数据分析技术来监测飞机零部件的使用情况和性能表现,提前预测零部件的损耗和故障,从而降低维护成本、提高飞机的可靠性和安全性。

(4)智能制造技术。

美国医疗器械制造业积极引入智能制造技术,以实现生产流程的数字化、自动化和智能化。医疗器械制造要求严格的质量控制和生产过程的可追溯性,而智能制造技术可以满足这些要求。例如,美国的爱德华生命科学公司在其医疗器械生产中引入了智能制造技术,通过数字化生产管理系统和工业机器人实现了生产过程的高效管理和自动化控制,确保了产品质量和安全性。

中国在新兴产业领域(如新能源汽车、智能家居、智能穿戴等)积极引入智能制造技术,从而实现生产流程的数字化、自动化和智能化。例如,在新能源汽车领域,比亚迪利用智能制造技术优化电池组装、车辆测试等生产环节,提高了生产效率和产品质量。

制造业在引入智能制造技术方面取得了显著进展,这些技术的应用不仅提高了生产效率和产品质量,也为制造企业提供了更加灵活、智能的生产模式。

二、数字化转型需求

1. 市场竞争压力

企业为了在竞争激烈的市场中保持竞争力，需要通过数字化转型提高效率、降低成本、提升创新力。

(1)零售行业。

美国的零售巨头(如亚马逊、沃尔玛等)通过数字化技术改进了供应链管理、库存管理和销售预测等方面的流程。亚马逊的智能仓储系统利用机器人实现了货物存储和检索的自动化，从而大大提高了库存管理的效率。此外，零售商也利用大数据分析来了解消费者购买行为，进行个性化推荐和营销，提高了客户体验和销售转化率。

日本的零售业也在积极推动数字化转型，以提升客户体验和经营效率。例如，日本的便利店(如 7-Eleven、Lawson 等)引入了数字化技术和自动化系统来优化库存管理、销售预测和营销策略。这些便利店通过收集和分析销售数据和客户反馈，实现了更加个性化的产品推荐和服务，提高了顾客满意度并增加了销售额。

随着中国消费者需求的不断变化，零售和电商行业也在不断地进行数字化转型。许多零售企业和电商平台采用大数据分析和人工智能技术，了解消费者的购买行为和偏好，实现精准营销和个性化推荐。例如，阿里巴巴集团通过其电商平台，利用大数据分析技术为消费者提供个性化的购物体验，提高了用户满意度和购买转化率。

(2)制造业。

通用电气在其工厂中引入了智能制造系统，利用传感器和物联网技术实时监测设备运行状态和生产过程，以便进行预测性维护和优化生产计划，从而降低生产成本和提高生产效率。3D 打印技术也在制造业中得到了广泛应用，使得企业可以快速制造原型和定制产品，提高了生产的灵活性和创新性。

日本的汽车制造业全球知名，拥有许多大型企业(例如丰田汽车公司、本田汽车公司等)。这些公司正在积极采用数字化技术来提高生产效率和质量。丰田汽车公司采用了智能制造技术，包括工业机器人和自动化生产线，以实现生产流程的数字化、自动化和智能化。通过使用机器人进行车辆组装和生产线上的自动化控制，丰田汽车公司提高了生产效率，并保持了高品质的生产标准。

德国是制造业强国之一，许多德国企业正在通过数字化转型来优化生产流程。例如，汽车制造商大众集团引入了智能制造和物联网技术，以实现生产过程的数字化和自动化。通过在生产线上安装传感器和连接设备，企业可以实时监测生产状态、预测设备故障，并进行及时的维护，从而提高生产效率和产品质量。德国在推动工业 4.0 方面处于领先地位。工业 4.0 这一概念强调利用数字化技术和物联网实现生产过程的智能化和自动化。德国的许多中小型制造企业正在采用工业 4.0 技术，以提高生产灵活性和客户定制能力。例如，一些机械制造企业正在引入智能机器人和自动化系统来实现灵活生产和快速切换产品线，以满足不断变化的市场需求。德国企业也在加强数字化供应链管理，以实现供应链的透明化和优化。通过数字化技术，企业可以实时监控供应链中的物流、库存和订单信息，优化供应链流程并降低库存成本。例如，西门子和戴姆勒等公司利用供应链数字化平台来优化供应商管理和物流协调，提高供应链的反应速度和灵活性。

中国制造业面临来自全球市场的激烈竞争。为了提高竞争力，许多中国企业正在推动数字化转型，采用智能制造技术(如工业机器人、物联网和大数据分析)实现生产流程的自动化和智能化。例如，华为公司在生产过程中引入了智能制造技术和自动化设备，提高了生产效率和产品质量；通过实时监控生产数据和设备运行状态，华为能够及时调整生产计划、优化资源配置，以应对市场需求的变化。中国企业也在加强供应链管理的数字化转型，以提高供应链的透明度、灵活性和响应速度。通过采用物联网技术和区块链技术，可实现供应链的实时监控、可溯源性和安全性。例如，一些跨国零售企业与中国供应商合作，建立供应链数字平台，实现订单管理、库存监控和物流跟踪的全面数字化，从而提高了供应链的效率和可靠性。

(3)金融业。

在金融业中，数字化转型已成为提高服务效率和客户体验的重要手段。许多银行和金融机构开发了移动银行应用和在线支付系统，使客户可以随时随地进行金融业务操作。同时,金融科技公司利用大数据分析和人工智能技术开发了智能风险评估系统,为客户提供个性化投资建议以及更精准的金融服务和投资方案。在日本,金融业数字化转型也是一个重要的趋势。日本的银行和金融机构利用数字化技术改进了银行业务和金融服务,提高了服务效率和客户体验。例如,日本的三菱 UFJ 银行引入了移动银行应用和在线支付系统,从而提高了服务便利性和效率。中国的金融科技行业正在迅速发展,许多企业正在利用技术创新和数字化手段改变传统金融服务模式,以提高效率和降低成本。例如,蚂蚁集团旗下的支付宝和蚂蚁财富等平台,利用移动支付、大数据风控和区块链技术,为用户提供便捷的支付和理财服务,推动了金融服务的普惠化和数字化。

(4)健康医疗领域。

在健康医疗领域,数字化转型推动了电子病历系统、远程医疗服务和医疗大数据分析等技术的发展。这些技术使医疗机构可以更好地管理患者信息,为患者提供个性化的医疗服务,并加速医学研究和药物开发的进程。例如,联影医疗与联影智能深度协同,数年耕耘,融合 AI、智能传感器、智能芯片、大数据等技术,携手打造了一系列跨产品线的数智化超级平台,深度赋能全模态的精准诊疗装备,如能够主动感知的 CT 技术平台 uSense Technology 等。这些数智化超级平台赋予高端医疗设备"思考"的能力,让单一的产品由此进化为智能化的超级装备,让医疗更智能、更高效、更精准[15]。

企业通过数字化转型提高了生产效率、降低了成本,并增强了创新力,从而保持竞争力并适应市场的快速变化。数字化技术的应用使企业能够更好地满足消费者需求,提高业务的可持续发展能力。

2. 顾客需求变化

消费者对个性化、定制化产品和服务的需求增加,已经成为当今市场的一个显著趋势。为了满足这种需求,许多企业开始采用数字化技术,以更好地了解消费者,为其提供个性化产品和定制化服务。

(1)定制化产品设计。

许多服装和鞋类品牌采用了数字化技术,允许消费者通过在线平台进行个性化设计和定制。例如,Nike的定制化鞋类服务NikeiD允许消费者选择鞋款、颜色、材质等,根据个人喜好定制自己的运动鞋。同样,一些眼镜品牌也提供在线定制眼镜的服务,消费者可以根据自己的面部特征、喜好和视力需求定制适合自己的眼镜。

(2)个性化营销和推荐系统。

数字化技术使企业能够收集和分析大量的消费者数据,从而更好地了解消费者的喜好、购买行为和需求。基于这些数据,企业可以实施个性化营销策略和推荐系统,向消费者推荐他们可能感兴趣的产品和服务。例如,电子商务平台(如亚马逊和淘宝)通过个性化推荐系统向消费者展示他们可能感兴趣的商品,提高了购买的概率和用户体验。

(3)定制化数字内容。

数字化技术使媒体和娱乐内容能够更加个性化地呈现给用户。例如,流媒体平台(如Netflix和Spotify)根据用户的观看和收听历史,推荐符合用户口味的影视节目和音乐。同样,许多新闻和媒体应用程序也根据用户的兴趣和偏好提供定制化的新闻内容和信息。

(4)个性化数字体验。

数字化技术还使得企业能够提供个性化的数字体验。例如,一些餐饮连锁店开发了移动应用程序,允许顾客在线预订、定制菜单和点餐,提供更加个性化的就餐体验。同样,旅游和酒店行业也提供个性化的数字化服务,让消费者根据自己的喜好和需求定制旅行路线、预订酒店等。

全国工商联经济服务部腾讯研究院发布的《2022中国民营企业数字化转型调研报告》显示:根据4877份有效问卷,我国多数民营企业已经具备数字化转型的意识并开展了具体行动。绝大多数民营企业已经构建起对数字化转型的基础认知框架,也具备了较好的转型意识。多数民营企业已经顺应形势需要,在主营业务领域开始了数字化转型,并且对于加大数字化技术和工具应用持积极态度(图4.2)。民营企业数字化转型的组织保障体系已初步建立,半数企业已设立专门部门。企业对于政府完善新基建、强化标准引领、共建公共服务平台、优化税收和人才政策等公共政策和服务表现出较高的期待[16]。

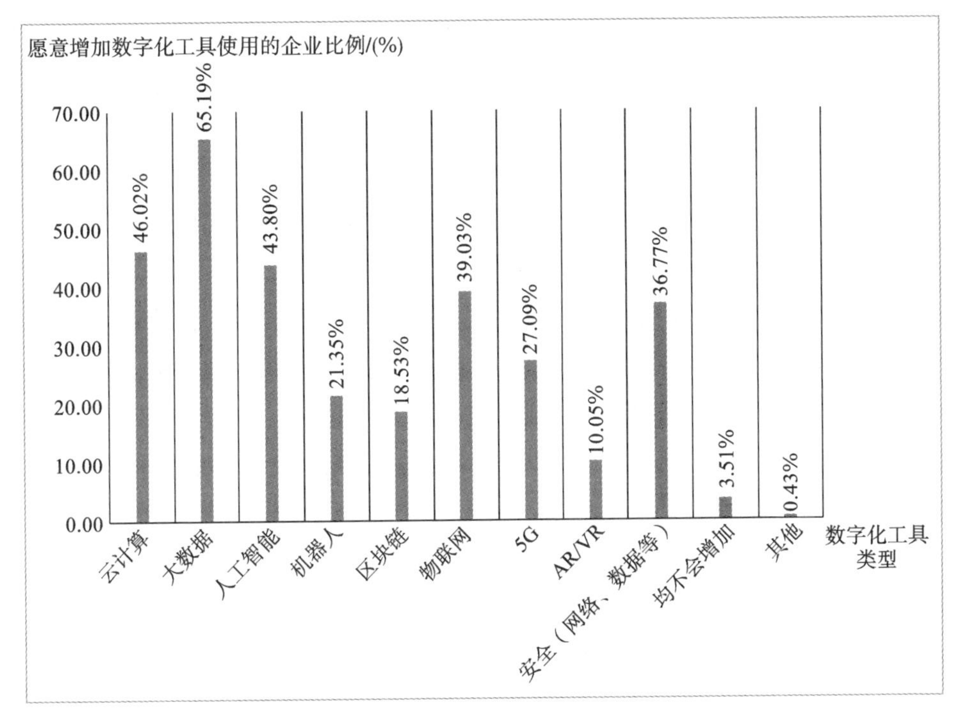

图 4.2　愿意增加数字化工具使用的企业比例

三、市场拓展与创新

1. 数字经济平台

数字经济平台的兴起为实体经济提供了新的市场拓展和商业模式创新机会。

(1)美国是电商领域的先行者，亚马逊、eBay、Walmart 等电商巨头为实体经济带来了巨大的商机。这些平台提供了在线销售渠道，使得传统实体企业可以在全球范围内销售产品。例如，亚马逊的 Marketplace 允许第三方卖家在其平台上销售商品，这为小型企业和个体经营者提供了一个全球化的销售渠道，极大地拓展了他们的市场范围。

(2)在金融领域，数字经济平台的兴起推动了许多创新。例如，美国的支付平台 Venmo 和数字银行 Chime 等提供了便捷的网上支付等银行服务，改变了传统银行的商业模式,为实体经济提供了更加高效的金融服务。中国的支付宝和微信支付为小型商户提供了移动支付的解决方案,让传统的实体商家也能够轻松接受移动支付,提升了交易效率和客户体验。

(3)在物流领域,西方国家的数字化物流平台为企业提供了新的市场拓展和商业模式创新机会。例如,UPS 和 FedEx 等物流公司通过数字化技术优化了物流运输、仓储管理和配送流程,为企业提供了更便捷、高效的物流解决方案。中国的数字化物流平台(如菜鸟网络、顺丰速运等)为实体经济提供了更高效、便捷的物流解决方案。企业通过信息化、智能化的物流管理手段,优化了物流配送过程、降低了物流成本、提高了物流效率。例如,菜鸟网络的智能物流解决方案为企业提供了全链路的物流服务,从仓储管理到配送运输,为实体经济的供应链管理提供了全面的数字化支持。

数字经济平台通过提供便捷、高效的服务,连接了供应商和消费者,为企业提供了更多的销售渠道和增长空间,推动了实体经济的发展和创新。

2. 共享经济模式

共享经济模式的推广改变了传统产业的组织形式,推动了实体经济创新发展。共享经济模式使得原本闲置的资源(如闲置的车辆、住房、办公空间等)得到充分利用。通过共享平台,这些资源可以被更多的人分享和利用,提高了资源利用效率。共享经济模式使得更多的个人和小型企业可以参与到经济活动中。例如,共享出行平台可以让个人成为司机,共享房屋平台可以让普通人出租自己的房屋。这降低了进入相关行业的门槛和初始成本,创造了创业和就业机会。

共享经济模式推动了新的商业模式的出现。传统产业可能会借鉴共享经济的思想,重新设计自己的商业模式,例如,传统酒店业可以考虑加入共享住宿平台,传统出行业可以考虑提供共享出行服务。共享经济模式为消费者提供了更加个性化的服务和体验。通过共享经济平台,消费者可以根据自己的需求选择最合适的服务提供者,满足了消费者多样化的需求。欧洲各国的共享经济平台也在快速发展,例如 Uber、Airbnb 等,这些平台利用数字化技术和社交网络将服务提供者和需求方连接起来,为消费者提供更加灵活、便捷的服务。以 Airbnb 为例,它为房东提供了一个在线平台,使得房东可以将闲置房源出租给游客，同时也为游客提供了更加个性化和与当地文化融合的住宿体验。共享经济模式促进了创新和竞争，鼓励企业提供更优质、更具吸引力的服务。为了在竞争激烈的市场中脱颖而出，企业不断创新和改进自己的服务模式，推动了实体经济的创新。

共享经济模式的推广改变了传统的出行方式。例如，共享单车、顺风车、专车、Uber 和 Lyft 等共享出行平台和快狗打车等货物运输平台通过智能手机应用程序连接了司机、乘客和客户，使得乘客可以更方便地获取出行服务，客户可以选择更多、更灵活的货物运输方式，同时也为许多人提供了灵活的兼职机会，改变了传统出租车和运输行业的经营模式。这种变革推动了出行行业和运输行业的创新，促进了实体经济的发展。

3. 创新生态系统

要实现市场的拓展和创新，创新生态系统必不可少。创新生态系统需要各方共同努力，持续关注和支持，激发经济发展的动力和活力。

(1)德国企业积极构建创新生态系统，与科研机构、初创企业和技术合作伙伴进行合作，共同推动技术创新和产品开发。例如，德国的工业集群和科技园区为企业提供了良好的创新环境和合作平台，促进了技术交流和创新合作。

(2)美国的风险投资市场发达，吸引了大量投资者和创业者。硅谷是全球最著名的科技创新中心之一，聚集了众多创业公司和风险投资机构。这些风险投资机构通过向创新企业提供资金和资源支持，帮助它们快速成长，推动了创新生态系统的发展。美国的科技社区和交流平台（如技术会议、创业活动、社交媒体等）非常活跃。这些平台为创新者提供了相互交流、分享经验和合作的机会，促进了科技创新和知识共享。美国的知识产权保护制度完善，为创新者提供了良好的法律保障和激励机制（鼓励企业创新和技术转移）。创新者可以通过申请专利、注册商标等方式保护自己的创新成果。

(3)中国政府通过出台一系列政策、法规和规划文件，鼓励和支持创新活动。例如，创新型城市建设、科技园区建设、高新技术企业孵化等，都是政府在构建创新生态系统方面的重要举措。中国建立了许多科技创新基地和孵化器,为初创企业提供场地、资源和服务支持。例如,中关村、张江科技园、深圳前海等科技园区和孵化器,成为中国创新生态系统的重要组成部分。中国的高校和研究机构在科技创新中发挥着重要作用,许多大学设立了科技园区和科研中心,促进了科研成果的转化和产业化。同时,中国的研究机构也积极参与到创新生态系统中,推动科技创新和技术转移。

中国的企业在创新生态系统方面也取得了显著进展,通过加大研发投入、推动技术创新、开展国际合作等方式,不断提升自身的创新能力和竞争力。特别是一些科技型企业和高新技术企业,成为中国创新生态系统中的重要力量。中国注重人才培养和吸引,通过高校人才培养、海外人才引进、人才政策激励等措施,吸引和留住了大量优秀人才。人才是创新的重要驱动力,中国的创新生态系统需要依托优秀的人才队伍不断推动发展。

中国的风险投资市场逐渐成熟,吸引了国内外大量投资者参与。政府和金融机构也提供了一系列的金融支持和创投政策,鼓励企业开展创新和创业活动,推动创新生态系统的发展。中国积极参与国际科技合作与交流,加强与世界各国的科技创新合作,借鉴国际先进经验和技术成果,促进中国创新生态系统的开放和发展。

总体来说,构建创新生态系统的过程是一个持续发展、不断完善的过程,需要政府、企业、高校、研究机构和投资者等多方共同努力,共同推动创新生态系统的建设和发展,从而形成一个开放、包容、充满活力的创新生态环境,促进科技创新和经济发展。

四、政策支持与引导

1. 数字经济政策

各国政府出台了许多数字经济相关政策,为企业提供支持和引导,鼓励企业加速数字化转型。

(1)国外数字经济政策。

①美国政府通过《数字经济法案》等法律法规,鼓励企业加速数字化转型,并推动数字经济的发展。该法案涉及数字基础设施建设、数据隐私保护、

创新支持等多个方面，为企业提供了更加清晰和稳定的政策环境，促进了数字经济的蓬勃发展。

②德国政府通过《数字化战略2025》等政策文件，提出了加速数字化转型的目标和措施（包括数字基础设施建设、创新支持、人才培养等方面）。这些政策文件为企业提供了指导和支持，鼓励企业加速数字化转型，推动了德国数字经济的发展和创新。

③法国政府推动数字化转型的标志性项目包括“数字法国2022”计划，旨在推动数字经济和创新发展，加强数字化技术在经济、社会、环境等领域的应用。该计划涉及数字基础设施建设、数字化技能培训、创新投资等多个方面，为企业提供了更好的数字化发展环境，鼓励和引导企业加速数字化转型，推动法国实体经济的创新和发展。

(2)国内数字经济政策。

国家层面，一系列数字化转型政策被推出，如表4.1所示。习近平总书记在《不断做强做优做大我国数字经济》一文中提出：“面向未来，我们要站在统筹中华民族伟大复兴战略全局和世界百年未有之大变局的高度，统筹国内国际两个大局、发展安全两件大事，充分发挥海量数据和丰富应用场景优势，促进数字技术和实体经济深度融合，赋能传统产业转型升级，催生新产业新业态新模式，不断做强做优做大我国数字经济。[17]”

表4.1　国家层面数字化转型政策一览表

序号	发布日期	名称	要点
1	2023年	《数字经济和绿色发展国际经贸合作框架倡议》	数字经济和绿色发展国际经贸合作框架包括数字领域经贸合作、绿色发展合作、能力建设、落实与展望等四个部分，包括设置营造开放安全的环境、提升贸易便利化水平、弥合数字鸿沟、增强消费者信任、营造促进绿色发展的政策环境、加强贸易合作促进绿色和可持续发展、鼓励绿色技术和服务的交流与投资合作等七个支柱

续表

序号	发布日期	名称	要点
2	2023年	《关于开展中小企业数字化转型城市试点工作的通知》	该文件指出：为深入贯彻落实党中央、国务院关于支持中小企业创新发展、加快中小企业数字化转型系列决策部署，2023—2025年，财政部、工业和信息化部拟分三批组织开展中小企业数字化转型城市试点工作
3	2023年	《数字经济核心产业分类与国际专利分类参照关系表(2023)》	依据《数字经济及其核心产业统计分类(2021)》，数字经济核心产业是指为产业数字化发展提供数字技术、产品、服务、基础设施和解决方案，以及完全依赖于数字技术、数据要素的各类经济活动，范围包括01数字产品制造业、02数字产品服务业、03数字技术应用业和04数字要素驱动业等4个大类；本参照关系表针对数字经济核心产业4个大类中的15个中类、86个小类建立与国际专利分类的参照关系，涉及国际专利分类表8个部、54个大类、154个小类、266个大组、8367个小组
4	2023年	《数字中国建设整体布局规划》	该文件指出：到2025年，基本形成横向打通、纵向贯通、协调有力的一体化推进格局，数字中国建设取得重要进展；到2035年，数字化发展水平进入世界前列，数字中国建设取得重大成就。 该文件明确：数字中国建设按照“2522”的整体框架进行布局，即夯实数字基础设施和数据资源体系“两大基础”，推进数字技术与经济、政治、文化、社会、生态文明建设“五位一体”深度融合，强化数字化技术创新体系和数字安全屏障“两大能力”，优化数字化发展国内国际“两个环境”

续表

序号	发布日期	名称	要点
5	2022 年	《中共中央 国务院关于构建数据基础制度更好发挥数据要素作用的意见》	该意见指出：以习近平新时代中国特色社会主义思想为指导，深入贯彻党的二十大精神，完整、准确、全面贯彻新发展理念，加快构建新发展格局，坚持改革创新、系统谋划，以维护国家数据安全、保护个人信息和商业秘密为前提，以促进数据合规高效流通使用、赋能实体经济为主线，以数据产权、流通交易、收益分配、安全治理为重点，深入参与国际高标准数字规则制定，构建适应数据特征、符合数字经济发展规律、保障国家数据安全、彰显创新引领的数据基础制度，充分实现数据要素价值、促进全体人民共享数字经济发展红利，为深化创新驱动、推动高质量发展、推进国家治理体系和治理能力现代化提供有力支撑
6	2022 年	《中小企业数字化转型指南》	该指南主要面向中小企业、数字化转型服务供给方和地方各级主管部门，旨在助力中小企业科学高效推进数字化转型，提升为中小企业提供数字化产品和服务的能力，为有关负责部门推进中小企业数字化转型工作提供指引
7	2022 年	《工业和信息化部办公厅关于开展中小企业数字化服务节活动的通知》	该文件聚焦中小企业数字化转型“不愿转”“不会转”“不敢转”“不能转”等痛点难点堵点问题，着力从供给和应用双向发力，加强政策引导和经验推广，充分调动数字化服务机构和中小企业积极性，提供更有针对性、实用性、普惠性的数字化服务，通过加大优质服务供给，提炼共性解决方案，打造转型样板等方式引导广大中小企业加快数字化转型

续表

序号	发布日期	名称	要点
8	2022年	《关于开展财政支持中小企业数字化转型试点工作的通知》	该文件指出：为加快中小企业数字化转型步伐，促进产业数字化发展，提升产业链协同配套能力，从2022年到2025年，中央财政计划分三批支持地方开展中小企业数字化转型试点，提升数字化公共服务平台服务中小企业能力
9	2022年	《国务院关于加强数字政府建设的指导意见》	该文件指出：到2025年，与政府治理能力现代化相适应的数字政府顶层设计更加完善、统筹协调机制更加健全，政府数字化履职能力、安全保障、制度规则、数据资源、平台支撑等数字政府体系框架基本形成，政府履职数字化、智能化水平显著提升，政府决策科学化、社会治理精准化、公共服务高效化取得重要进展，数字政府建设在服务党和国家重大战略、促进经济社会高质量发展、建设人民满意的服务型政府等方面发挥重要作用。到2035年，与国家治理体系和治理能力现代化相适应的数字政府体系框架更加成熟完备，整体协同、敏捷高效、智能精准、开放透明、公平普惠的数字政府基本建成，为基本实现社会主义现代化提供有力支撑
10	2022年	《政府工作报告》	“数字经济”连续6年出现在《政府工作报告》中，该工作报告首次以“单独成段”的方式对数字经济进行了表述。 该报告指出：促进数字经济发展。加强数字中国建设整体布局。建设数字信息基础设施，逐步构建全国一体化大数据中心体系，推进5G规模化应用，促进产业数字化转型，发展智慧城市、数字乡村。加快发展工业互联网，

续表

序号	发布日期	名称	要点
10	2022年	《政府工作报告》	培育壮大集成电路、人工智能等数字产业，提升关键软硬件技术创新和供给能力；完善数字经济治理，培育数据要素市场，释放数据要素潜力，提高应用能力，更好赋能经济发展、丰富人民生活
11	2022年	《关于同意京津冀地区启动建设全国一体化算力网络国家枢纽节点的复函》	该文件指出：京津冀枢纽要充分发挥本区域在市场、技术、人才、资金等方面的优势，发展高密度、高能效、低碳数据中心集群，提升数据供给质量，优化东西部间互联网络和枢纽节点间直连网络，通过云网协同、云边协同等优化数据中心供给结构，扩展算力增长空间，实现大规模算力部署与土地、用能、水、电等资源的协调可持续
12	2022年	《“十四五”数字经济发展规划》	该规划部署了八方面重点任务。一是优化升级数字基础设施；二是充分发挥数据要素作用；三是大力推进产业数字化转型；四是加快推动数字产业化；五是持续提升公共服务数字化水平；六是健全完善数字经济治理体系；七是着力强化数字经济安全体系；八是有效拓展数字经济国际合作。 该规划提出：到2025年，数字经济迈向全面扩展期，数字经济核心产业增加值占GDP比重达到10%。数据要素市场体系初步建立，产业数字化转型迈上新台阶，数字产业化水平显著提升，数字化公共服务更加普惠均等，数字经济治理体系更加完善

续表

序号	发布日期	名称	要点
13	2021年	《“十四五”大数据产业发展规划》	根据该规划，“十四五”时期，大数据产业发展要以推动高质量发展为主题，以供给侧结构性改革为主线，以释放数据要素价值为导向，围绕夯实产业发展基础，着力推动数据资产高质量、技术创新高水平、基础设施高效能，围绕构建稳定高效产业链，着力提升产业供给能力和行业赋能效应，统筹发展和安全，培育自主可控和开放合作的产业生态，打造数字经济发展新优势，为建设制造强国、网络强国、数字中国提供有力支撑。到2025年，大数据产业测算规模突破3万亿元，年均复合增长率保持在25%左右，创新力强、附加值高、自主可控的现代化大数据产业体系基本形成
14	2021年	《关于进一步深化法治央企建设的意见》	该意见强调：着力提升数字化管理能力。运用区块链、大数据、云计算、人工智能等新一代信息技术，推动法务管理从信息化向数字化升级，探索智能化应用场景，有效提高管理效能
15	2021年	《物联网新型基础设施建设三年行动计划（2021—2023年）》	该计划明确：到2023年底，在国内主要城市初步建成物联网新型基础设施，物联网连接数突破20亿，为物联网、数字化产业蓬勃兴起和全面发展赋能
16	2021年	《中共中央国务院关于新时代推动中部地区高质量发展的意见》	该意见提出：依托产业集群（基地）建设一批工业设计中心和工业互联网平台，推动大数据、物联网、人工智能等新一代信息技术在制造业领域的应用创新，大力发展研发设计、金融服务、检验检测等现代服务业，积极发展服务型制造业，打造数字经济新优势。加强新型基础设施建设，发展新一代信息网络，拓展第五代移动通信应用。积极发展电商网购、

续表

序号	发布日期	名称	要点
16	2021年	《中共中央国务院关于新时代推动中部地区高质量发展的意见》	在线服务等新业态，推动生活服务业线上线下融合，支持电商、快递进农村
17	2021年	《国务院办公厅关于加快发展外贸新业态新模式的意见》	该意见指出：要积极支持推广数字智能技术应用赋能外贸发展，完善跨境电商发展支持政策，扩大跨境电子商务综合试验区试点范围。提高海外仓数字化、智能化水平，提升传统外贸数字化水平
18	2021年	《常见类型移动互联网应用程序必要个人信息范围规定》	该规定明确了地图导航、网络约车、即时通信、网络购物等39类常见类型移动应用程序必要个人信息范围，要求自2021年5月1日起，其运营者不得因用户不同意提供非必要个人信息，而拒绝用户使用App基本功能服务
19	2021年	《中华人民共和国国民经济和社会发展第十四个五年规划和2035年远景目标纲要》	该纲要明确提出：迎接数字时代，激活数据要素潜能，推进网络强国建设，加快建设数字经济、数字社会、数字政府，以数字化转型整体驱动生产方式、生活方式和治理方式变革
20	2020年	《中共中央关于制定国民经济和社会发展第十四个五年规划和二〇三五年远景目标的建议》	该建议提出：要发展数字经济，推进数字产业化和产业数字化，推动数字经济和实体经济深度融合，打造具有国际竞争力的数字产业集群
21	2020年	《关于加快推进国有企业数字化转型工作的通知》	该文件部分要点归纳如下：加快推进国有企业数字化转型，加快建立数字化转型闭环管理机制，加快集团数据治理体系建设，建设态势感知平台，加强平台、系统、数据等安全管理

续表

序号	发布日期	名称	要点
22	2020年	《关于支持新业态新模式健康发展激活消费市场带动扩大就业的意见》	该意见指出：把支持线上线下融合的新业态新模式作为经济转型和促进改革创新的重要突破口，打破传统惯性思维。从问题出发深化改革、加强制度供给，更有效发挥数字化创新对实体经济提质增效的带动作用，推动“互联网+”和大数据、平台经济等迈向新阶段；以重大项目为抓手创造新的需求，培育新的就业形态，带动多元投资，形成强大国内市场，更好地满足人民群众对美好生活的新期待，推动构建现代化经济体系，实现经济高质量发展。 该意见旨在支持新业态、新模式的健康发展，激活消费市场，带动扩大就业，打造数字经济新优势
23	2020年	《中共中央 国务院关于构建更加完善的要素市场化配置体制机制的意见》	该意见明确了要素市场制度建设的方向及重点改革任务，明确将数据作为一种新型生产要素写入政策文件。 该意见部分要点归纳如下：加快培育数据要素市场，推进政府数据开放共享，提升社会数据资源价值，加强数据资源整合和安全保护
24	2020年	《关于推进“上云用数赋智”行动 培育新经济发展实施方案》	该文件指出：大力培育数字经济新业态，深入推进企业数字化转型，打造数据供应链，以数据流引流物资流、人才流、技术流、资金流，形成产业链上下游和跨行业融合的数字化生态体系，构建设备数字化-生产线数字化-车间数字化-工厂数字化-企业数字化-产业链数字化-数字化生态的典型范式。其主要方向包括：①筑基础，夯实数字化转型技术支撑；

续表

序号	发布日期	名称	要点
24	2020年	《关于推进"上云用数赋智"行动 培育新经济发展实施方案》	②搭平台，构建多层联动的产业互联网平台；③促转型，加快企业"上云用数赋智"；④建生态，建立跨界融合的数字化生态；⑤兴业态，拓展经济发展新空间；⑥强服务，加大数字化转型支撑保障
25	2020年	《中小企业数字化赋能专项行动方案》	该方案明确了数字化转型的重点任务：着力运用信息技术加强疫情防控，促进企业尽快恢复生产运营；加快发展在线办公、在线教育等新模式，培育壮大共享制造、个性化定制等服务型制造新业态；搭建供应链、产融对接等数字化平台，帮助企业打通供应链，对接融资链；强化网络、计算和安全等数字资源服务支撑，加强数据资源共享和开发利用；推动中小企业实现数字化管理和运营，提升智能制造和云平台应用水平，促进产业集群数字化发展
26	2020年	《工业和信息化部办公厅关于推动工业互联网加快发展的通知》	该通知明确提出了加快新型基础设施建设、加快拓展融合创新应用、加快健全安全保障体系、加快壮大创新发展动能、加快完善产业生态布局、加大政策支持力度等6个方面的20项具体举措
27	2018年	《数字中国建设发展报告(2017年)》	该报告部分要点归纳如下：创新引领，加快突破信息领域核心技术；多措并举，推动信息基础设施优化升级；主动作为，大力发展数字经济；深化改革，着力解决信息资源共享开放难题；共建共享，让信息化发展更好造福人民；夯实基础，进一步提升网络安全保障能力；共创共赢，持续完善信息化发展环境与深化开放格局

续表

序号	发布日期	名称	要点
28	2017年	《国务院关于进一步扩大和升级信息消费持续释放内需潜力的指导意见》	该意见指出：到2020年，信息消费规模预计达到6万亿元，年均增长11%以上；信息技术在消费领域的带动作用显著增强，信息产品边界深度拓展，信息服务能力明显提升，拉动相关领域产出达到15万亿元，信息消费惠及广大人民群众。信息基础设施达到世界领先水平，“宽带中国”战略目标全面实现，建成高速、移动、安全、泛在的新一代信息基础设施，网络提速降费取得明显成效。基于网络平台的新型消费快速成长，线上线下协同互动的消费新生态发展壮大。公共数据资源开放共享体系基本建立，面向企业和公民的一体化公共服务体系基本建成
29	2016年	《中华人民共和国国民经济和社会发展第十三个五年规划纲要》	该纲要共分为20篇，其中多个篇章涉及互联网内容。第六篇“拓展网络经济空间”指出：应牢牢把握信息技术变革趋势，实施网络强国战略，加快建设数字中国，推动信息技术与经济社会发展深度融合，加快推动信息经济发展壮大
30	2015年	《国家大数据战略》	2014年3月，大数据首次写入中国中央政府工作报告；2015年10月，党的十八届五中全会正式提出“实施国家大数据战略，推进数据资源开放共享”。这表明中国已将大数据视作战略资源并上升为国家战略，期望运用大数据推动经济发展、完善社会治理、提升政府服务和监管能力

续表

序号	发布日期	名称	要点
31	2015年	《国务院关于印发促进大数据发展行动纲要的通知》	该行动纲要从内容架构上总体呈现了“一体两翼一尾”的格局。“一体”即以“加快建设数据强国，释放数据红利、制度红利和创新红利”为宗旨，“两翼”是指以“加快政府数据开放共享，推动资源整合，提升治理能力”和“推动产业创新发展，培育新兴业态，助力经济转型”两方面内容为载体和依托，“一尾”是指以“强化安全保障，提高管理水平，促进健康发展”为保障和平衡
32	2015年	《十二届全国人大三次会议讲话》	李克强总理在政府工作报告中首次提出“互联网＋”行动计划。李克强总理所提的“互联网＋”与较早相关互联网企业讨论聚焦的“互联网改造传统产业”相比，已经有了进一步的深入和发展。李克强总理在政府工作报告中首次提出的“互联网＋”实际上是创新2.0下互联网发展新形态、新业态，是知识社会创新2.0推动下的互联网形态的演进

注：本表按时间倒序排列。

2. 科技创新政策

国家层面提供了一系列科技创新政策以加强数字经济领域的研究与发展。具体政策如表4.2所示。

表4.2　国家层面科技创新政策一览表

序号	发布日期	名称	要点
1	2023年	《关于促进网络安全保险规范健康发展的意见》	这是我国网络安全保险领域的政策文件，围绕完善政策标准、创新产品服务、强化技术支持、促进需求释放、培育产业生态等提出5方面10条意见

续表

序号	发布日期	名称	要点
2	2023年	《职业教育产教融合赋能提升行动实施方案（2023—2025年）》	该方案明确：到2025年，国家产教融合试点城市达到50个左右，在全国建设培育1万家以上产教融合型企业，产教融合型企业制度和组合式激励政策体系健全完善，各类资金渠道对职业教育投入稳步提升，产业需求更好融入人才培养全过程，逐步形成教育和产业统筹融合、良性互动的发展格局
3	2023年	《科技成果赋智中小企业专项行动（2023—2025年）》	该文件提出：到2025年，健全成果项目库和企业需求库，完善赋智对接平台体系，遴选一批优质的科技成果评价和转移转化机构，推动一批先进适用科技成果到中小企业落地转化；开展不少于30场赋智“深度行”活动，有效促进科技成果转化应用，实现产学研深度合作；围绕培育更多专精特新中小企业，健全成果转化服务格局，形成闭环激励机制，构建成果“常态化”汇聚、供需“精准化”对接、服务“体系化”布局的创新生态，实现成果价值和经济效益持续增长
4	2023年	《关于推进IPv6技术演进和应用创新发展的实施意见》	该文件围绕构建IPv6演进技术体系、强化IPv6演进创新产业基础、加快IPv6基础设施演进发展、深化“IPv6＋”行业融合应用和提升安全保障能力等方面，部署了15项重点任务以充分发挥IPv6协议潜力和技术优势
5	2023年	《工业和信息化部等十六部门关于促进数据安全产业发展的指导意见》	该意见明确了提升产业创新能力、壮大数据安全服务、推进标准体系建设、推广技术产品应用、构建产业繁荣生态、强化人才供给保障和深化国际合作交流等任务

续表

序号	发布日期	名称	要点
6	2023年	《“机器人+”应用行动实施方案》	该文件的部分要点归纳如下:聚焦十大应用重点领域,突破100种以上机器人创新应用技术及解决方案,推广200个以上具有较高技术水平、创新应用模式和显著应用成效的机器人典型应用场景,打造一批“机器人+”应用标杆企业,建设一批应用体验中心和试验验证中心
7	2022年	《“十四五”国家高新技术产业开发区发展规划》	该文件的部分要点归纳如下:①推进互联网、大数据、人工智能同实体经济深度融合,促进产业向智能化、高端化、绿色化发展;②引导国家高新区推动数字技术和制造业、服务业深度融合,催生新产业新业态新模式,支持园区建设数字基础设施、数字化技术创新体系,培育一批数字化车间和智能工厂,部署一批具有国际水准的工业互联网平台、数字化转型促进中心;③鼓励园区积极培育人工智能、大数据、云计算、区块链、工业互联网等新兴数字产业,打造优势数字产业集群;④支持园区探索场景创新,完善场景促进机制,探索推出首发首创式应用场景,释放数字经济新活力;⑤支持国家高新区依托高校优势学科和学科交叉融合的优势,面向类脑智能、量子信息、基因技术、未来网络、氢能与储能等前沿科技和产业变革领域,前瞻部署一批未来产业
8	2022年	《企业技术创新能力提升行动方案(2022—2023年)》	该文件确定了以下目标:①推动惠企创新政策扎实落地;②建立企业常态化参与国家科技创新决策的机制;③引导企业加强关键核心技术攻关;④支持企业前瞻布局基础前沿研究;⑤促进中小企业成长为创新重要发源地;

续表

序号	发布日期	名称	要点
8	2022年	《企业技术创新能力提升行动方案（2022—2023年）》	⑥加大科技人才向企业集聚的力度；⑦强化对企业创新的风险投资等金融支持；⑧加快推进科技资源和应用场景向企业开放；⑨加强产学研用和大中小企业融通创新；⑩提高企业创新国际化水平
9	2021年	《工业互联网创新发展行动计划（2021—2023年）》	该文件指出：2021—2023年是我国工业互联网的快速成长期。该文件提出了工业互联网创新发展目标，包括新型基础设施进一步完善、融合应用成效进一步彰显、技术创新能力进一步提升、产业发展生态进一步健全和安全保障能力进一步增强。着力解决工业互联网发展中的深层次难点、痛点问题，推动产业数字化，带动数字产业化
10	2020年	《国家新一代人工智能创新发展试验区建设工作指引》	该文件包括以下要点：①开展人工智能技术研发和应用示范，探索促进人工智能与经济社会发展深度融合的新路径；②开展人工智能政策试验，营造有利于人工智能创新发展的制度环境；③开展人工智能社会实验，探索智能时代政府治理的新方法、新手段；④推进人工智能基础设施建设，强化人工智能创新发展的条件支撑
11	2020年	《关于推进国家技术创新中心建设的总体方案（暂行）》	该文件指出：到2025年，布局建设若干国家技术创新中心，突破制约我国产业安全的关键技术瓶颈，培育壮大一批具有核心创新能力的一流企业，催生若干以技术创新为引领、经济附加值高、带动作用强的重要产业，形成若干具有广泛辐射带动作用的区域创新高地，为构建现代化产业体系、实现高质量发展、加快建设创新型国家与世界科技强国提供强有力支撑

续表

序号	发布日期	名称	要点
12	2019年	《国家数字经济创新发展试验区实施方案》	国家数字经济创新发展试验区启动会在浙江乌镇举行。会议发布了《国家数字经济创新发展试验区实施方案》，并向浙江省、河北省(雄安新区)、福建省、广东省、重庆市、四川省等6个"国家数字经济创新发展试验区"授牌，正式启动试验区创建工作

注：本表按时间倒序排列。

五、国际竞争与合作

1. 全球化趋势

(1)积极合作，共享资源和技术是大势所趋。

面对全球化竞争，企业需要在数字经济领域积极参与合作、共享资源和技术的原因有多重层面。

①数字经济领域的技术和市场需求变化迅速，单个企业很难跟上这种快速变化的步伐。通过合作，企业可以更好地利用其他企业的专长和资源，以适应和应对这种快速变化。

②数字经济的核心是创新和知识产权，而这些资源不是任何一家企业都能独立拥有的。通过合作，企业可以共享创新、技术、专业知识等资源，从而加速自身的创新进程，提高竞争力。

③在数字经济领域，研发新技术、开发新产品往往需要巨额投资和高风险。通过合作，企业可以共同分担这些成本和风险，降低个体企业的经济负担，提高项目的成功率。

④合作可以帮助企业更快地进入新市场和拓展销售渠道。合作伙伴可能拥有不同的市场和客户资源，通过合作，企业可以共享这些资源，加速市场渗透和销售业绩的提升。

⑤在数字经济时代,新兴企业和技术的崛起可能会对传统企业构成巨大的竞争威胁。通过合作,企业可以整合资源,共同抵御竞争对手的挑战,保持竞争优势。

⑥许多国家和地区对数字经济领域制定了各种各样的法规和政策,合作可以帮助企业更好地理解和遵守这些法规,降低风险。

综上所述,数字经济领域的复杂性和快速发展使得企业必须积极参与合作、共享资源和技术,以适应变化、降低风险、加速创新,并保持竞争优势。通过合作,企业可以更好地应对全球化竞争带来的挑战,实现可持续发展。

(2)云计算和数据分析领域的合作的典型案例。

接下来我们以两家公司为例,一家是云计算服务提供商,另一家是数据分析和人工智能公司。云计算服务提供商拥有强大的基础设施和技术平台,可以提供高效的计算和存储服务。数据分析和人工智能公司则拥有先进的数据处理和分析技术。通过合作,两家公司可以共享资源和技术,云计算服务提供商可以向数据分析和人工智能公司提供强大的计算和存储能力,而数据分析和人工智能公司则可以为云计算服务提供商提供先进的数据处理和分析技术,双方共同推动数字经济的发展。

云计算和数据分析是数字经济中的关键技术领域,需要不断创新才能保持竞争力。通过合作,两家公司可以共同开展研发工作,加速新技术和新产品的推出。例如,公司可以合作开发新的数据处理和分析工具,优化云计算平台的性能和稳定性,从而提高客户的满意度和市场竞争力。单独开展研发工作需要巨额投资和高风险,而通过合作,两家公司可以共同分担这些成本和风险,降低经营风险。例如,公司可以共同投资建设数据中心和服务器设备,共同开发软件和硬件技术,降低单个企业的投资负担,提高项目的成功率。

云计算和数据分析是全球性的服务行业,合作可以帮助两家公司拓展新的市场和增加销售渠道。例如,云计算服务提供商可以通过与数据分析和人工智能公司合作,拓展数据分析和人工智能领域的客户群体,而数据分析和人工智能公司也可以通过与云计算服务提供商合作,拓展云计算服务的用户群体，双方共同扩大市场份额，实现互利共赢。云计算和数据分析领域的合作是面对全球化竞争时企业需要积极参与合作、共享资源和技术的一个典型例子。通过合作，企业可以共同推动技术创新，降低成本和风险，拓展市场和增加渠道，从而在数字经济领域取得更大的竞争优势。

(3)国内的商业领域的成功合作案例。

中国的移动支付市场在全球处于领先地位，腾讯的微信支付和阿里巴巴的支付宝等公司已成为全球范围内领先的移动支付提供商。这些公司不仅在中国，还在其他国家和地区积极推广其支付解决方案。公司之间的合作加强了支付生态系统，使得用户能够在更广泛的场景中使用移动支付服务。中国的电子商务巨头阿里巴巴集团旗下的天猫和淘宝等平台为全球消费者和制造商提供了巨大的市场。这些平台与全球品牌和零售商合作，共享技术和资源，帮助它们在中国市场上建立在线业务并提高销售额。

中国的人工智能领域发展迅速，许多公司在语音识别、图像识别、自然语言处理等领域取得了重大突破。许多公司(如百度、腾讯、阿里巴巴等)积极开展技术合作，共享数据和算法，加速人工智能技术的应用和商业化进程。共享经济是中国数字经济的重要组成部分，共享单车、共享汽车、共享住宿等平台正在改变人们的生活方式。这些平台之间的合作可以优化资源利用率、提高服务质量、增强用户体验。区块链技术在金融、物流、供应链管理等领域有着广泛的应用前景。中国的一些公司和研究机构正在积极探索区块链技术在跨境支付、溯源管理、数字资产交易等方面的应用，并与国内外合作伙伴共同推动区块链技术的创新和落地。

(4)新能源汽车领域的合作案例。

中国在新能源汽车领域通过积极参与合作、共享资源和技术，努力在全球化竞争中取得优势，具体体现在以下几个方面。

①中国政府鼓励国内汽车企业与国际知名汽车厂商展开合作，引进先进的新能源汽车技术。例如，中国的一些汽车公司与日本、德国、美国等国际知名汽车厂商签订合作协议，共同开发新能源汽车技术和产品。这种合作有助于中国企业快速获取先进技术，提升产品质量和竞争力。在新能源汽车产业

链上,中国政府和企业鼓励上下游企业之间展开合作,实现资源共享、互补发展。例如,电池、电机、充电桩等关键零部件的生产企业与整车制造企业合作,共同推动新能源汽车产业链的完善和优化。

②中国的汽车企业积极开展跨国并购和合资项目,以获取更多资源和技术。通过收购国外新能源汽车企业或与国外企业进行合资,中国企业可以快速进入国际市场,获取先进技术和管理经验。例如,一些中国新能源汽车企业通过收购国外电池技术公司或与国际汽车巨头进行合资,加速了新能源汽车技术的引进和研发。中国积极参与国际标准和规范的制定与推广,以促进新能源汽车产业的全球化发展,增强了中国在全球新能源汽车市场中的话语权和影响力。中国政府支持和鼓励新能源汽车产业的研发与创新,建设了一系列研发平台和创新基地。在这些平台上,中国企业可以与国内外科研机构、高校和企业展开合作,共同开展新技术、新材料、新工艺等方面的研究与创新工作,提升新能源汽车的技术含量和市场竞争力。

通过合作和资源共享,中国在新能源汽车领域不断提升自身技术水平和产业实力,逐步在全球化竞争中取得优势地位,促进了中国新能源汽车产业的快速发展和国际影响力的提升。

在这些案例中,合作与共享资源和技术可以为企业带来以下好处:合作可以促进技术创新和业务模式创新,加速产品和服务的推出;共享资源和技术可以降低企业的研发和运营成本,提高效率;合作可以帮助企业进入新的市场和拓展业务范围,增加收入来源;在不确定的市场环境下,合作可以分散风险,增强企业的抗风险能力。

综上所述,中国的数字经济领域展示了合作与共享资源和技术的重要性。面对全球化竞争,企业需要积极参与合作,共同推动数字经济的发展,实现互利共赢。

2. 国际标准合一

中国在推动国际标准的合一、促进数字经济的全球化发展方面发挥了积极的作用,具体包含以下几个方面。

(1)5G 通信标准的推动。

中国在 5G 通信标准的制定和推广方面发挥了重要作用。中国的华为、中兴通讯等企业积极参与了国际电信联盟(ITU)和国际标准化组织(ISO)等国际标准组织的标准制定工作。通过积极参与标准制定过程,中国推动了5G通信标准的合一,促进了全球范围内的5G技术发展和商业化应用。

(2)移动支付标准的推广。

中国的移动支付市场发展迅速,支付宝、微信支付等移动支付平台成为全球领先的移动支付平台。中国在推动移动支付国际标准的制定和推广方面起到了重要作用。中国的移动支付公司与国际支付组织和标准化机构合作,推动了移动支付国际标准的制定和推广,促进了全球范围内的移动支付服务互通互联。

(3)人工智能标准的制定。

中国在人工智能领域的发展也十分活跃,中国的政府机构、研究机构、企业等通过积极参与国际标准组织(如ISO、IEC)的工作组和委员会,参与人工智能标准的制定和修订工作。这些机构和企业通常派遣专业人员参加国际标准组织的会议和讨论,就人工智能技术的标准化问题进行深入交流和研究,推动了人工智能领域的标准化进程,促进了全球人工智能技术的交流和合作。

(4)区块链技术标准的制定。

区块链技术作为数字经济的重要支撑技术之一,在标准化方面具有重要意义。中国积极参与国际标准组织,推动了区块链技术的国际标准制定工作。中国的技术企业和研究机构与国际标准组织合作,共同制定区块链技术的国际标准,推动了全球范围内区块链技术的统一和互通。

(5)云计算标准的推广。

中国是全球云计算市场的重要参与者之一,拥有庞大的云计算基础设施和用户群体。中国的云计算企业积极参与国际标准组织的标准制定工作,推动了云计算标准的国际化和推广。中国的云计算企业与国际云计算组织合作,共同制定云计算标准,促进了全球云计算服务的互通互联。

(6)数据安全和隐私保护标准的制定。

数据安全和隐私保护是数字经济发展过程中的重要问题。中国政府和企业积极参与国际标准组织的数据安全和隐私保护标准制定工作,推动了数据安全和隐私保护标准的国际化和推广。中国的企业与国际标准组织合作,共同制定数据安全和隐私保护标准，促进了全球范围内数据安全和隐私保护的统一和互通。

中国在推动数字经济国际标准的建设方面，采取了多种措施和行动。中国的企业、政府和研究机构积极参与国际标准组织的标准制定工作，推动了全球标准的统一和互通，促进了数字经济的全球化发展。

六、人才培养和引进

1.数字化人才需求

(1)创新和应用需要。

随着数字经济的快速发展，对高素质数字化人才的需求不断增加。产生上述现象的原因有多方面。

①数字经济的发展需要技术创新人才，例如人工智能、大数据分析、云计算、区块链等领域都需要专业的数字化人才来推动技术的发展和应用。

②许多传统产业正在进行数字化转型和升级，需要大量具备数字化技能的人才来推动企业的数字化转型和提升竞争力。

③随着新兴行业(如电子商务、智能制造、物联网等)的发展，对数字化人才的需求不断增加，这些行业需要各类专业人才来支持和推动发展。

④数字经济的发展推动了不同行业之间的融合，例如数字医疗、智慧城市等领域，需要数字化人才跨越不同领域进行合作和创新。

(2)培养和引进人才的举措。

为满足数字经济发展对高素质数字化人才的需求，需要进行人才培养和引进，具体举措有以下几点。

①改革教育体系，加强数字化技能的培养，提高高校、职业教育机构和培训机构的数字化人才培养质量和数量。

②加强产学研合作，建立产业需求与教育培训相结合的机制，使培养出来的数字化人才更符合市场需求。

③针对部分领域的人才短缺，可以通过引进海外人才、建立国际交流平

台来填补人才缺口，促进人才资源的国际化流动。

④提供持续学习的机会和平台，鼓励在职人员不断提升自己的数字化技能，以适应数字经济发展的需求变化。

⑤政府可以出台相关政策支持和激励措施，鼓励企业加大对数字化人才的培养和引进力度，提升数字经济发展的人才保障能力。

通过以上举措，可以更好地满足数字经济发展对高素质数字化人才的需求，推动数字经济的健康发展和持续创新。

2. 组建跨领域团队

组建跨领域团队，将数字化技术专业人才与实体经济领域专业人才相结合。可以通过以下手段实现上述目标。

①需要明确跨领域团队的目标和需求。确定团队的主要任务和项目，明确所需要的数字化技术和实体经济领域的专业知识与技能。

②确定跨领域团队中的关键人才（包括数字化技术专业人才和实体经济领域专业人才）。这些人才应具备丰富的经验和专业知识，并具备良好的沟通和团队合作能力。

③建立跨领域团队的合作机制，确保团队成员之间的有效沟通和协作。可以通过定期会议、项目管理工具等方式，促进团队成员之间的交流和合作。

④对缺乏跨领域知识和技能的团队成员，提供相关培训和支持。例如，可以组织专业讲座、研讨会等活动，帮助团队成员了解对方领域的基本知识和技能。

⑤根据团队的目标和需求，制定详细的项目计划和执行方案。明确各个阶段的任务和责任，确保团队成员在项目执行过程中有明确的指导和支持。

⑥开展跨领域的实践项目，通过实际操作和合作，促进数字化技术和实体经济领域的知识与技能相互融合和交流。例如，可以组织跨部门的创新项目或解决实际业务问题的团队项目。团队成员应不断进行经验总结和反思，发现问题并及时调整，不断改进团队合作方式和工作效率。同时，鼓励团队成员持续学习和进修，保持对新技术和新领域的敏感性和学习能力。

举例来说，一家制造业公司计划推出智能制造项目，需要将数字化技术与传统制造业相结合。该公司可以组建一个跨领域团队，由数字化技术专业人才和制造业领域的专业人才组成。团队中的数字化技术人员负责开发智能制造系统、大数据分析等技术方面的工作，而制造业领域的人员负责了解生产流程、工艺流程等具体业务，以确保数字化技术的应用能够有效地服务于实体生产过程。通过团队成员之间的合作与协作，公司可以更加顺利地实施智能制造项目，并提升生产效率和产品质量。

七、金融支持

1.数字化金融服务

金融机构能够提供数字化金融服务，支持企业的数字化转型和创新。

我们以实例进行说明：一家制造业企业，专注于生产汽车零部件，面临着市场竞争激烈和生产成本上升的挑战。该企业意识到数字化转型对于提升效率、降低成本以及加强与客户沟通的重要性。为了实现数字化转型，该企业决定寻求金融机构的支持。

该企业需要资金来投资于数字化设备、信息技术基础设施以及员工培训。金融机构可以通过提供贷款、融资租赁或其他融资工具来支持企业的数字化转型计划。金融机构通过提供数字化金融服务（例如在线银行、电子支付、数字化财务管理等），帮助企业实现资金流动的便捷化和透明化，提高企业的财务效率和管理水平。金融机构利用先进的数据分析技术，帮助企业理解市场趋势、客户需求和供应链风险，从而制定更加有效的战略规划和风险管理策略。金融机构与科技公司、信息技术服务商等跨领域合作，共同为企业提供数字化解决方案。通过建立跨领域团队，将金融机构的金融专业知识与科技公司的技术专长相结合，为企业提供更加全面和高效的数字化转型服务。金融机构根据企业的实际需求，提供定制化的数字化金融解决方案。例如，针对不同行业、不同规模的企业，金融机构可以提供不同的金融产品和服务，以满足其数字化转型的特定需求。

通过与金融机构的合作，该企业可以获得资金支持、技术指导和战略合作伙伴，推动数字化转型的顺利进行。金融机构在支持企业数字化转型的过程中，不仅为企业提供了资金和技术支持，还为企业带来了更广阔的市场机遇和竞争优势。

2. 风险投资

投资机构对数字经济领域的创新企业提供风险投资，推动新技术的孵化和发展。例如一家初创公司，它专注于开发人工智能驱动的智能客服解决方案，旨在帮助企业提高客户服务效率和用户体验。该公司已经完成了产品原型开发，并在市场上获得了一定的认可，但需要资金支持来进行产品的进一步优化、市场推广和业务拓展。于是该公司开始寻求风险投资，以获得资金支持和战略指导。它与各种投资机构建立联系，包括风险投资公司、天使投资人、私募股权基金等。公司准备了详细的商业计划书，并通过路演等方式向投资机构展示其产品、市场定位、竞争优势以及商业模式。它通过演示产品原型、展示技术优势和市场潜力等方式，吸引投资机构的关注和兴趣。投资机构对该公司进行调查，评估其商业模式、技术实力、团队能力、市场前景等方面的情况。在进行谈判时，投资机构和初创公司就投资金额、股权结构、退出机制等方面进行协商。达成投资协议后，投资机构向该公司提供资金支持，帮助其进行产品研发、市场推广、团队建设等工作。除了资金支持，投资机构还提供战略指导，帮助初创公司制定发展战略、拓展业务渠道、优化管理流程等。投资机构与该公司建立良好的沟通与合作机制，定期跟进项目进展，提供必要的支持和帮助。这些机构参与重大决策的讨论和制定，监督资金使用情况，确保投资项目能够按计划推进并取得预期成果。

通过投资机构的支持和引导，该公司得以获得所需的资金和资源，进一步完善产品，扩大市场份额，提升竞争力。投资机构的介入不仅推动了新技术的孵化和发展，也为投资者带来了可观的投资回报。

八、社会意识与消费习惯变化

1. 数字化意识普及

随着数字化意识的普及，社会对数字化的认知逐渐提高，推动企业和个体采用数字化技术。

(1)采用数字化技术的原因。

企业和个体愿意采用数字化技术的原因如下。

①数字化技术的应用可以极大地提升工作和生活的便利性。例如,电子邮件、在线支付、电子文档等数字化工具能够大幅简化工作流程、节省时间和成本、提高工作效率。数字化技术使得信息获取和分享变得更加容易和快捷。通过互联网和社交媒体,个体和企业可以轻松地获取和分享信息,从而更好地了解市场动态、行业发展趋势等,为决策提供依据。

②随着数字化时代的到来,市场竞争日益激烈,企业和个体需要不断提升自身的竞争力。采用数字化技术可以帮助企业提升产品和服务的品质、降低成本、拓展市场,从而在激烈的市场竞争中脱颖而出。越来越多的企业和个体开始意识到数字化技术的重要性和必要性,愿意尝试应用数字化技术来提升自身的竞争力和生活品质。许多国家和地区的政府出台了一系列政策措施,推动数字化经济的发展,支持企业和个体采用数字化技术。政府的政策支持为数字化技术的推广提供了良好的环境和政策基础。

③社会对数字化的认知逐渐提高,推动企业和个体更加愿意采用数字化技术。数字化技术的应用不仅能够提升效率、降低成本,还能够拓展市场、提高竞争力,因此受到越来越多企业和个体的青睐和接受。

(2)数字化医疗服务的普及与推广。

随着数字化技术的不断发展,数字化医疗服务在社会上得到了广泛认可和普及,这推动了企业和个体更加愿意采用数字化技术来改善医疗服务和健康管理。越来越多的人开始意识到在线医疗咨询的便利性和效率,可以通过手机、平板电脑等设备随时随地与医生进行沟通,相关案例有以下几条。

①在线医疗平台"平安好医生",能够提供在线问诊、药品配送等服务,受到了大众的欢迎。在线医疗平台"丁香医生"提供了视频问诊、在线药品购买等服务,帮助人们解决了医疗服务不便的问题。远程医疗技术的发展使得医生可以通过视频会诊等方式为患者提供诊断和治疗服务,无须面对面接触。特别是在疫情期间,远程医疗服务更加受到重视和推广。

②个人健康数据管理应用成为越来越多人关注的焦点。通过这些应用,个人可以记录健康数据、追踪健康趋势,并与医生分享数据以获取个性化的健康建议。例如,健康管理应用"Keep",提供了健身记录、饮食管理等功能,

用户可以根据自己的健康目标进行个性化管理。

③智能医疗设备的应用也在推动数字化医疗服务的发展。例如，智能手环、智能血压计等设备可以监测用户的健康状况，并将数据上传至云端，医生可以远程查看并提供指导和建议。

以上实例表明，随着数字化技术的普及和推广，社会对数字化医疗服务的认知不断提高，企业和个体更加愿意采用数字技术来改善医疗服务和健康管理。数字化技术为医疗服务提供了更加便捷、高效和个性化的解决方案，受到了社会各界的广泛欢迎和接受。

2.数字化服务需求增加

消费者对数字化服务的需求增加，激发企业提供更多数字化产品和服务。

(1)数字支付产品和数字化服务增加。

数字支付产品和数字化服务日益增加，已经改变世界各国的消费市场和服务业。

随着智能手机的普及和移动互联网的快速发展，消费者对数字化服务的需求不断增加，这激发了企业提供更多数字支付产品和服务。从2007年开始，Netflix推出了一项视频流媒体服务，以补充其产品租赁服务。它使用了简单且可扩展的业务模型，并始终如一地将其预算的10%注入该模型的研发。该公司拥有无与伦比的推荐引擎，可提供个性化的客户体验。目前，Netflix是最受欢迎的数字视频内容提供商之一，领先其他流媒体巨头(例如亚马逊、Hulu和YouTube)，市场份额超过85%。Netflix在2020年拥有3600万订阅用户[18]。

中国的移动支付市场以支付宝和微信支付为代表的移动支付应用迅速崛起。这些应用提供了便捷、安全的移动支付体验，消费者可以使用手机完成各种支付行为(如购物支付、转账付款、水电缴费等)。随着中国电商市场的快速发展，消费者越来越倾向于在线购物。移动支付的普及使得在线购物更加便捷，消费者可以随时随地通过手机完成支付，极大地促进了线上零售市场的蓬勃发展。移动支付不仅在线上零售中得到广泛应用，在线下消费场景(如超市、餐厅、出租车等)也越来越普遍。支付宝和微信支付通过与商家合作,在各种线下场景推广移动支付,提高了消费者对数字支付产品的认知和接受程度。中国的金融科技企业在移动支付领域不断创新,推出了更多便捷、安全的数字支付产品和服务。例如,无感支付、刷脸支付等新型支付技术不断涌现,为消费者提供了更多选择。

中国政府出台了一系列政策措施,支持数字支付的发展和普及。政府鼓励金融科技创新,推动数字支付市场的竞争和壮大,为消费者提供更多选择和便利。因此,中国消费者对数字支付产品的需求增加,推动了企业提供更多数字支付产品和服务。数字支付产品的普及不仅提升了消费者的支付体验,还促进了数字经济的发展和金融科技的创新。

(2)在线教育平台的兴起。

随着互联网的普及和移动设备的普及,消费者对在线教育服务的需求日益增加,这激发了企业提供更多数字化产品和服务,以满足市场需求。

随着社会对教育的重视和教育方式的改变,越来越多的消费者开始寻求灵活、便捷的学习方式。在线教育平台(例如Coursera、Udemy、CSDN、GitHub、国家智慧教育平台、智慧职教、哔哩哔哩、网易云课堂等)应运而生,这些平台提供了丰富多样的在线课程,涵盖各种学科和领域,满足了消费者对知识学习的需求。在线教育平台通过智能推荐系统和个性化学习路径的设计,为消费者提供了更加个性化的学习体验。消费者可以根据自己的兴趣、学习目标和学习节奏选择课程,并通过在线测评和反馈系统了解学习进度和掌握程度。

在线教育平台不仅提供视频课程和教学材料,还提供了在线讨论区、实时答疑、作业批改等服务,为消费者提供了多元化的学习资源和学习支持。在线教育平台的课程可以随时随地通过互联网进行访问和学习,消费者不再受时间和空间的限制,可以根据自己的时间安排和学习节奏进行学习,提高了学习的灵活性和效率。一些知名的在线教育平台拥有优质的教学资源和师资团队,受到了消费者的信赖和好评,品牌认可度较高,这进一步增加了消费者对数字化教育服务的需求和信任。

通过以上实例,可以看出消费者对数字化服务的需求增加,推动了企业提供更多数字化产品和服务。数字化服务的提供不仅满足了消费者的个性化需求,还为企业创造了新的商业机会和发展空间。

第二节　实体经济与数字经济融合发展的不利因素

实体经济与数字经济融合发展的不利因素主要有以下几点。

(1)企业观念陈旧。

不少传统企业对数字经济缺乏认识，有些还有抵触心理，没有把数字化提升到战略高度，不重视企业的数字化改造，没有长远的数字化经营战略和目标。

(2)技术转型困难。

部分实体企业从事传统行业多年，隔行如隔山，缺乏数字化转型所需的理论知识和技术应用能力，面对技术壁垒，转型升级有较大的难度。

(3)数字人才短缺。

数字化转型需要专业人才支持，而实体企业普遍缺乏这方面的人才，需要对现有员工进行数字化应用培训，或者招聘懂精通数字化相关专业和数字化的复合型人才。

(4)数据安全风险。

实体企业数字化转型可能会引发数据安全与隐私问题(包括数据泄露和黑客攻击的风险)，需要进行网络安全方面的软硬件升级和管理。

(5)资金投入压力。

数字化转型需要大量资金投入，可能增加企业的经营成本和风险，尤其是在转型过程中可能导致盈利能力下降，这需要综合考虑短期利益和长期利益。

以上这些问题制约了实体经济和数字经济融合发展，需要在发展中通过社会各界的共同努力来解决。

第三节　推动数字经济和实体经济融合发展的因素

只有提高全民数字化意识和素质，形成数字化变革的共识，数字经济的发展才有肥沃的土壤和坚实的基础，数字经济才有强大的生命力和可持续发展能力，实体经济和数字经济的融合发展才会水到渠成。推动数字经济与实体经济融合发展的因素有以下几点。

(1)加强宣传。

针对传统企业业主和骨干员工，政府可以委托各个行业的数字化标杆企业，通过论坛、直播和在线课程的方式，加强数字化技术应用宣传、培训，提供多种途径的学习方式。

(2)横向合作。

数字化技术公司与相关行业企业合作，共同研究数字技术在相关行业企业的应用，在条件成熟时进行数字化改造和升级，实现企业的提档升级。

(3)非学历教育。

企业通过非学历教育方式，给予员工相应补贴，鼓励员工以非脱产培训的方式，学习行业相关的数字化技术技能，提高数字化应用水平。

(4)学历教育。

通过学历教育方式，在应用型大学和职业技术学院的计算机网络、大数据、信息技术、人工智能、电子商务和数据分析等相关专业培养数字技术应用人员。企业也可与大学合作开设班级，为企业数字化培养后备人才。

第五章　数字化创新与实体经济的融合发展路径

第一节　坚持和加强数字化核心技术的自主研究和应用

一、自主研究的必要性

只有坚持自主研究和应用数字化核心技术，我们才能改变技术上受制于人的局面，争取战略主动。

数字化核心技术涉及信息安全和国家安全，特别是涉及国家关键基础设施和机密信息的领域，如果中国依赖于外国技术，就会面临外部风险和威胁。通过自主研究和掌握核心技术，中国可以更好地保护信息安全和国家安全。数字化核心技术是推动经济发展和提升国家竞争力的重要驱动力，例如：人工智能、大数据、云计算等技术已经成为当今全球经济的关键支柱，如果中国能够在这些领域取得领先地位，将能够在全球经济中占据更有利的地位，实现经济发展和增强国家竞争力的目标。自主研究数字化核心技术可以促进技术创新和确保技术自主可控，通过持续的研究和创新，中国可以不断推动技术的发展，并且能够自主掌握技术的发展方向和节奏，而不是被动地依赖外部技术供应商。这样做不仅有利于技术的创新，也有利于保护国家的自主权。通过自主研究和掌握数字化核心技术，中国可以降低这种技术依赖风险,提升自身的技术主权和控制能力。

综上所述,中国坚持和加强数字化核心技术的自主研究和应用,不仅有利于保护国家的信息安全和国家安全,也有利于推动经济发展、提升国家竞争力、促进技术创新以及降低技术依赖风险。

二、自主研究的可行性

在中国,坚持和加强数字化核心技术的自主研究和应用是可行的,这得益于以下几个方面的因素。

(1)中国拥有庞大的人才储备和教育体系,特别是在科学、工程和技术领域。中国的高校和科研机构拥有丰富的研究资源和实验设施,能够支持数字化核心技术的自主研究和开发。

(2)中国政府一直重视科技创新和数字化发展,并通过各种政策和资金支持,鼓励企业、高校和研究机构进行数字化核心技术的研究和应用。例如,中国政府提出了"中国制造 2025"和"数字中国"等战略,以推动数字化技术在各个领域的应用和发展。

(3)中国拥有庞大的市场需求和产业基础,在人工智能、大数据、云计算、物联网等领域有着广阔的应用前景。这种市场需求和产业基础为数字化核心技术的自主研究提供了广阔的空间和动力。

(4)中国积极参与国际科技合作与交流,吸纳和借鉴国际先进技术和经验。通过与其他国家和地区的合作,中国可以更好地利用全球资源和人才,推动数字化核心技术的自主研究和应用。

(5)中国的科技型企业在数字化核心技术领域有着强大的创新能力和竞争力。这些企业通过持续的研发投入和技术创新,不断推动数字化核心技术的发展和应用,并在国际市场上取得了一定的影响力和竞争优势。

通过充分利用人才储备、政府支持、市场需求、国际合作和企业创新等因素,中国坚持和加强数字化核心技术的自主研究和应用是完全可行的。这种自主研究不仅有助于提升中国在数字化领域的自主能力和竞争力,也为全球数字化技术的发展做出了重要贡献。

三、数字核心技术的高投入产生比

坚持和加强数字化核心技术的自主研究和应用，在长期来看，往往会带来显著的投入产出比。

（1）中国长期以来一直在加强5G技术的自主研究和发展。

各级政府、科研机构和企业都投入了大量资金和人力资源，推动了5G技术的研究和标准制定。这些投入已经产生了丰硕的成果。中国成为全球5G领域的领先者之一，在5G基站建设、应用创新等方面取得了显著的进展。5G技术的广泛应用，推动了物联网、智能制造、智慧城市等领域的发展，带动了相关产业链的壮大，产生了巨大的经济效益和社会效益。

（2）中国政府和企业在人工智能领域投入巨大资源，推动了算法研究、数据挖掘、深度学习等方面的技术突破。这些投入带来了人工智能技术在医疗诊断、智能交通、金融风控等领域的广泛应用。例如，人工智能辅助诊断系统可以提高医疗诊断的准确性和效率，减少医疗资源的浪费。人工智能技术的推广应用，促进了各行各业的数字化转型和升级，带动了新的经济增长点和就业机会。

（3）中国在数字支付和金融科技领域投入了大量资源，推动了移动支付、区块链等技术的创新和应用。中国的数字支付技术已经成为全球领先的支付技术，并且正在被其他国家学习和借鉴。数字支付技术的快速发展，促进了商业流通的便捷化和金融服务的普惠化。金融科技的发展也带动了传统金融机构的改革和转型，推动了金融行业的数字化升级，提升了金融服务的效率和质量。

中国坚持和加强数字化核心技术的自主研究和应用，所产生的高投入产出比在各个领域都得到了体现。这些投入不仅推动了中国经济的数字化转型和创新能力的提升，也为全球数字经济的发展做出了重要贡献。

四、良好的产业生态

想要坚持和加强数字化核心技术的自主研究和应用，良好的产业生态是至关重要的。这是因为一个健康的产业生态可以促进技术创新、市场竞争、资源共享和持续发展。良好的产业生态是数字化核心技术发展的根本。

(1)良好的产业生态为创新提供了土壤。

在一个蓬勃发展的产业生态系统中,各种企业、研究机构、创业公司、投资者和政府部门都能够相互交流、合作和竞争。这种多元化的合作和竞争关系激发了创新活力,促进了数字化核心技术的不断进步和演进。良好的产业生态能够推动技术的迭代和升级。在一个开放、包容的生态系统中,企业和研究机构能够分享技术和经验,共同解决技术难题,推动技术的快速发展。通过持续的技术创新和升级,数字化核心技术能够更好地适应市场需求和技术发展的趋势,保持竞争优势。

(2)良好的产业生态吸引了优秀的人才加入该领域中来。

在一个充满活力的生态系统中,人才能够得到更多的机会和挑战,激发他们的创新潜力。同时,人才的流动也促进了知识和经验的传播,有利于产业的长期发展。

(3)良好的产业生态鼓励市场竞争,提高了企业的适应能力和灵活性。

在一个竞争激烈的市场环境中,企业必须不断改进产品和服务,满足客户需求,保持竞争优势。这种竞争压力促使企业不断优化自己的产品和技术,提高了整个行业的水平和竞争力。

(4)良好的产业生态需要政府的支持和引导。

政府可以制定政策和法规,促进产业的健康发展,营造良好的市场环境和投资环境。同时,政府还可以提供资金支持、税收优惠和科技创新奖励等措施,鼓励企业加大对数字化核心技术的研发和应用投入。由于数字化技术的通用性和广适性,相关核心技术突破后,经过商业推广后能够得到广泛应用,成为全人类共享的科技成果。

良好的产业生态是数字化核心技术发展的根本,它促进了技术创新、市场竞争、人才流动和政策支持,推动了整个产业的持续健康发展。因此,坚持和加强数字化核心技术的自主研究和应用,需要建立和维护良好的产业生态,以保障数字化技术的持续创新和发展。

第二节　数字经济与实体经济融合发展的多路径原则

一、人文环境、自然资源和商业环境的不同

数字经济与实体经济的融合发展可能因人文环境、自然资源和商业环境的不同而采取多种路径，以下是几个具体的案例。

(1)在某些地区，制造业是经济的支柱，具有丰富的工业基础和技术人才。这些地区可以通过数字化创新，实现制造业的智能化转型。例如，工业机器人、物联网技术、大数据分析等数字化技术可以应用于制造过程中，提高生产效率、降低成本，并且能够实现个性化定制生产，满足消费者需求。

(2)在农业发达地区，数字化创新可以帮助农业实现信息化升级，提高农产品质量和产量，并且减少资源浪费。例如，利用无人机、传感器和区块链技术，农民可以实现对农田和作物的精准管理，实时监测土壤、水分和气候条件，从而优化农业生产流程，提高农产品的品质和产量。

(3)在城市发展较快的地区，数字化创新可以推动城市智慧化建设，提升城市管理和公共服务水平。例如，智能交通系统、智能能源管理系统、智慧物流等技术可以帮助城市提高交通运输效率、节约能源资源、改善环境质量、提升居民生活质量。

(4)在服务业发达地区，数字化创新可以帮助服务行业实现数字化升级，提高服务质量和效率。例如，利用云计算、人工智能、大数据分析等技术，可以开发出智能客服系统、智能预订平台、个性化推荐系统等，提升服务行业的竞争力和创新能力。

(5)在一些具有创新基因和开放精神的地区，数字化创新与实体经济的融合发展往往呈现跨界融合的特点。例如，数字化技术与文化创意产业的融合可以推动文化创意产品的创新与推广；数字化技术与旅游业的融合可以提升旅游体验和服务水平。

综上所述，由于人文环境、自然资源和商业环境的差异，数字经济与实体

经济融合发展的路径各有不同。因此,不同地区和行业需要根据自身的优势和特点,选择合适的数字化创新路径,实现数字经济与实体经济的融合发展,推动经济发展和社会进步。

二、经济和社会环境以及战略目标的差异性

数字经济与实体经济的融合发展有多个路径,这些路径的选择受到经济和社会环境、战略目标以及政策支持等因素的影响,以下是几个具体的案例。

(1)在人口老龄化程度较高的地区,可以通过数字化创新来提升劳动生产率,减轻人口老龄化带来的劳动力压力。例如,日本等国家面临着人口老龄化和劳动力短缺的挑战,可以通过智能制造、自动化生产等数字化技术来提高生产效率,降低对劳动力的依赖。

(2)不同地区的资源和产业结构不同,会影响到数字经济与实体经济融合发展的路径选择。例如,我国沿海地区可能更适合数字化技术与制造业的融合,而资源丰富的内陆地区可能更适合数字化技术与农业、矿业等实体经济领域的融合。

(3)政府的政策支持和战略导向对数字经济与实体经济融合发展起着关键作用。例如,中国提出的"互联网+"战略,鼓励数字化技术与各个行业深度融合,推动传统产业转型升级,促进经济发展和社会进步。

(4)不同文化和社会价值观念对数字经济与实体经济融合发展的路径选择有所影响。例如,一些国家更重视环保和可持续发展,数字经济与绿色经济的融合可能会得到更多支持和关注。

(5)不同地区的市场需求和消费习惯有所不同,影响着数字经济与实体经济融合发展的方向和重点。例如,一些发达国家更注重高端技术和个性化服务,数字经济与高端制造业、服务业的融合可能更为突出。

(6)不同国家之间的国际竞争和合作环境也会影响到数字经济与实体经济融合发展的路径选择。例如,一些国家可能更注重自主创新和技术领先,而另一些国家可能更愿意通过技术引进和合作来推动数字经济与实体经济的融合发展。

由于经济和社会环境、战略目标的差异性,数字经济与实体经济的融合

发展有多个路径可供选择。因此，在制定政策和推动实践过程中，需要综合考虑各种因素，因地制宜地选择适合自身国情和发展需要的发展路径。

三、因地制宜，选择最优数字经济与实体经济融合发展路径

1. 经济和社会环境以及战略目标的差异性导致融合模式不同

不同国家和地区的经济和社会环境，以及战略目标的差异性，导致了不同的融合模式。

（1）印度作为新兴经济体，其数字经济与实体经济的融合发展路径着重于发展 IT 服务、软件开发和电子商务等数字化产业。印度政府推动数字化创新，努力提高数字化技术的普及度，同时鼓励企业利用数字化技术解决传统经济领域（比如农业生产、医疗保健、教育等领域）中的问题。

（2）欧洲一些国家和地区采取了工业 4.0 战略，强调数字经济与实体经济的深度融合，重点在于推动传统工业的数字化转型。德国作为工业强国，致力于智能制造、工业物联网等领域的研发和应用，通过数字化技术提升制造业的智能化水平，提高生产效率和产品质量。同时，欧盟通过推动数字化创新，促进成员国之间的数字化技术交流与合作，加强数字化产业链的协同发展，推动欧洲经济的一体化和增长。

（3）中国提出了“互联网＋”战略，强调数字经济与实体经济的融合发展。在中国，数字化创新涵盖电子商务、智能制造、农村电商、物流信息化等诸多领域。例如，阿里巴巴、腾讯等企业通过“互联网＋”战略，推动了传统零售、金融、制造等行业的数字化升级，促进了经济的快速发展。

（4）在一些发展中国家，移动支付和金融科技是数字经济与实体经济融合发展的重要路径。例如，肯尼亚的 M-Pesa 系统，为无银行账户的人群提供了便捷的移动支付服务，促进了该国经济活动的便利化和金融包容性的提升。

不同地区应根据其经济和社会环境以及战略目标的特点，选择最适合自身发展的数字经济与实体经济融合发展路径。这需要充分考虑本地区的产业结构、技术水平、政策支持等因素，有针对性地推动数字经济与实体经济的

深度融合发展,实现经济的可持续发展。

2. 行业不同导致融合路径不同

在不同的行业,数字经济与实体经济的融合发展必须因地制宜,选择不同的融合路径。

(1)在中国,农村地区的数字经济和实体经济融合发展的路径之一是农村电商的发展。中国政府推动了农村电商的发展,通过数字化技术和电子商务平台,将农产品直接连接到消费者,提高了农产品的销售效率和农民收入。例如,阿里巴巴的“淘宝村”计划和京东的“乡村振兴”项目,通过建设物流配送体系、提供培训和技术支持,促进了农村经济的数字化升级和产业结构的优化。

(2)中国是世界上最大的制造业基地之一,数字经济与实体经济的融合发展路径之一是制造业的智能化转型。中国政府提出了“中国制造 2025”战略,鼓励制造业利用数字化技术实现智能制造和自动化生产。例如,华为、海尔等公司在智能制造领域通过工业物联网、大数据分析和人工智能技术,提高了制造业的生产效率和产品质量。

(3)在中国的农业领域,数字经济与实体经济的融合发展路径之一是数字化农业的推广。中国政府推动农业现代化、鼓励农业科技的应用、提高农业生产的智能化水平。例如,利用传感器技术、无人机和云计算等数字化技术,农民可以实现农田的智能管理、精准农药施用和农产品追溯,提高了农业生产的效率和质量。

(4)在城市领域,数字经济与实体经济的融合发展路径之一是智慧城市建设。中国政府提出了智慧城市建设的战略目标,通过数字化技术实现城市管理的智能化和信息化。例如,中国一些城市采用物联网技术、大数据分析和人工智能技术,建设智能交通系统、智能能源管理系统和智慧城市运营中心,提高了城市管理的效率和公共服务水平。

在中国,不同地区的经济发展水平、产业结构、人口分布等因素各不相同,因此数字经济与实体经济融合发展的路径也会有所不同。因地制宜选择最优融合路径,可以更好地发挥数字化技术的优势,促进实体经济的转型升级,推动经济持续健康发展。

第三节　数字经济与第一产业融合发展

一、融合发展的理论研究

数字经济与第一产业（农业）融合发展，旨在提升农业生产效率、改善农产品质量、实现农业可持续发展。融合发展的关键在于数智农业，下面是关于数智农业的理论研究的具体方面。

（1）数智农业的理论研究涉及智能农业传感器网络的设计和应用。

这些传感器可以监测土壤湿度、温度、光照等环境参数以及作物的生长状况和健康状况。研究人员可以探索如何利用这些传感器数据，结合机器学习和数据分析技术，为农民提供精准的农业生产指导，帮助他们优化种植管理、节约资源、提高产量和品质。

（2）数智农业的理论研究还涉及农业大数据分析与决策支持系统的构建。

通过对农业生产、市场需求、气候变化等数据的收集和分析，数智农业可以为农民提供科学的决策支持。研究人员可以开展数据挖掘、模式识别、预测分析等方面的研究，帮助农民做出更加合理的种植选择、农药施用、灌溉管理等决策，从而提高农业生产的效益和可持续性。

（3）数智农业的理论研究还可探讨农业物联网技术与智能农机应用的融合。

通过将农业机械与传感器、无人机、卫星遥感等技术结合起来，可以实现农田的智能化管理和机械化作业。研究人员可以探索农业机械的自主控制、路径规划、作业监测等方面的技术，为农民提供高效、精准的农业生产服务，提高劳动生产率和农业生产水平。

（4）数智农业的理论研究也包括数字化农业综合信息服务平台的建设。

该平台可以整合农业资源、技术服务、市场信息等多方面的信息资源，为农民提供全方位的农业生产服务和支持。研究人员可以研究平台的构建原理、数据共享机制、服务模式等方面的问题，为打造数字化农业生态系统提供理论支持和技术保障。

在中国，数智农业的理论研究可以根据不同地区的农业特点、资源环境和市场需求，选择最适合的数字化创新路径，推动农业现代化、智能化、可持续发展。这种理论研究对于提高农业生产效率、优化资源利用、保障粮食安全和促进农村经济发展具有重要意义。

二、融合发展的实践试点

数字经济与第一产业融合发展的实践（即数智农业）试点，在中国已经有多个案例。

(1)中国各地建设了许多数字化农业示范区，以推动数字化创新与农业融合发展。

例如，位于北京市郊区的中关村数字化农业示范区，利用先进的信息技术，建设了智慧农业示范基地，实现了全程数字化管理、智能化决策和精准化生产。这些示范区通过引进先进的数字化技术，如农业物联网、人工智能、大数据分析等，为农民提供数字化农业生产解决方案，并且在农作物种植、精准施肥、智能灌溉等方面取得了一定的成效。

(2)中国农村电商发展迅速，许多农产品线上销售平台积极探索数字化创新，推动了农产品的品牌化和标准化。

例如，阿里巴巴的农村淘宝平台，为农民提供了线上销售渠道，加速了农产品的流通和销售。同时，许多农产品溯源平台也涌现出来，利用区块链等技术，实现了对农产品生产环节的信息追溯，提高了农产品质量和安全水平。

(3)在一些农业发达地区，智能农业机械得到了广泛应用。

例如，无人驾驶拖拉机、智能植保无人机等农业机械设备，可以通过激光雷达、摄像头等传感器技术，实现自主导航和精准施药，提高了农业生产的效率和质量。一些企业和合作社通过在农业机械上集成智能化装置，为农民提供农田智能管理服务，使其能够实现远程监控、智能调度和数据分析，实现了数字化农业生产的智能化和精细化。

(4)农业大数据的应用也成为数智农业的重要组成部分。

通过对农业生产、市场需求、气象环境等数据的收集和分析,数智农业可以为农民提供更精准的决策支持。例如,利用大数据技术,数智农业可以实现对农产品价格趋势、市场需求预测等方面的分析,帮助农民做出更合理的种植决策。

这些案例充分展示了数字经济与第一产业融合发展的潜力和前景。通过数字化技术的应用,农业生产能够实现智能化、精细化管理,提高生产效率和产品质量,促进农业现代化和农村经济发展。

三、融合发展的人才培养

数字经济与第一产业融合发展的人才培养至关重要,因为这种融合需要具备跨学科知识和技能的人才来推动。

许多大学和学院已经开始开设农业信息技术相关的专业或课程,例如农业信息技术、数字化农业、农业大数据分析等。这些课程通常涵盖农业科学、信息技术、数据分析、农业经济学等多个领域,为学生提供跨学科的知识和技能。学生可以通过参与实践项目和实习,获得实际操作和项目管理经验。这些项目可能涉及农业信息系统的开发、农业大数据的分析、农业物联网技术的应用等。通过参与实践项目,学生可以将理论知识应用到实际问题中,培养解决问题和创新的能力。

为了满足数字经济与农业融合发展的需求,学校和企业需要培养具备跨学科知识和技能的人才。学生可以从农业科学、计算机科学、数据科学、经济学等不同领域获得知识,并学习如何将这些知识应用于农业领域。学生可以得到行业导师和专家的指导和支持,了解行业发展趋势、技术应用案例以及解决实际问题的方法。通过与行业导师和专家的互动,学生可以更好地理解数字经济与农业融合发展的实际需求,为未来的职业发展做好准备。鉴于数字经济与农业融合发展的快速变化,学生需要具备终身学习和持续发展的意识。学生应该不断关注行业的最新发展,积极参与培训课程、学术会议、行业展览等活动,不断提升自己的技能和知识水平。

在中国,一些高等教育机构、职业培训机构以及行业协会已经开始重视数字化创新与农业融合发展人才的培养工作。通过建立与实际需求相匹配的课程体系、提供实践机会、加强师资队伍建设等措施，这些机构努力培养具备跨学科知识和技能的数字化农业专业人才，以推动数字化创新与农业融合发展的实践与应用。

四、融合发展的模式推广

数字经济与第一产业融合发展的模式推广是非常重要的，它可以加速农业现代化进程、提高农业生产效率和质量、促进农村经济的发展。

政府可以在不同地区建设数字化农业示范基地，将最先进的数字化技术应用于农业生产中，并通过示范基地进行技术展示和培训。例如，中国的一些地方政府建设了智慧农业示范园区，展示了智能设备、物联网技术、大数据分析等数字化技术在农业生产中的应用，吸引了农民和企业前来学习和交流经验。农业合作社和农民专业合作社是数字经济与第一产业融合发展的重要载体，可以促进农业生产的规模化、专业化和信息化。例如，一些地方鼓励农民成立合作社，共同投资建设数字化农业生产基地，共享先进技术和设备，实现资源整合、信息共享、风险分担，提高农业生产的效益和竞争力。

农业科技示范推广站是数字经济与第一产业融合发展的重要平台，可以向农民普及数字化技术知识，提供技术咨询和培训服务。例如，一些地方政府建设了农业科技示范推广站，这些站点组织专家开展农业技术培训、示范推广和现场指导，帮助农民掌握数字化农业生产技术，提升农业生产水平。数字化农业产业园区是数字化创新与第一产业融合发展的重要载体，可以集聚农业科技企业、农业服务机构和农民合作社等资源，推动数字化农业技术的研发和应用。例如，一些地方政府在农村建设数字化农业产业园区，引导企业和资本投入，推动数字化农业技术的创新和应用，带动当地农业产业的发展。

综上所述，数字经济与第一产业融合发展的模式推广可以通过建设示范基地、推广合作社模式、建设科技示范站、打造产业园区等方式来实现。这些模式的推广可以加速数字化技术在农业领域的应用，推动农业现代化发展，提升农民收入水平，促进农村经济的繁荣和社会的稳定。

第四节　数字经济与第二产业融合发展

一、融合发展的理论研究

数字经济与第二产业（工业）融合发展离不开数智工业。数智工业的理论研究涉及探索如何将数字化技术与工业生产相结合，以提高生产效率、降低成本、优化资源利用、实现智能制造。

（1）研究人员可以从理论上探索智能制造系统的设计原理和优化算法。

这包括如何利用物联网、人工智能、大数据等技术，实现生产过程的自动化、智能化和柔性化。例如，可以研究智能生产调度算法，以实现生产计划的动态调整和优化，提高生产效率和增加资源利用率。数字经济与第二产业融合发展的理论研究涉及探索数字孪生技术的应用。数字孪生技术是将实际工厂或产品建立数字化模型，并通过实时数据反馈和仿真技术进行优化和预测的过程。研究人员可以研究数字孪生技术在工业生产中的应用，例如，如何通过数字孪生模型优化生产线布局、预测设备故障、优化生产工艺等。

（2）研究人员可以探索智能传感器与工业物联网的融合应用，以实现对生产过程的实时监测和控制。

例如，智能传感器可以用于监测设备运行状态、生产环境参数、产品质量等信息，并通过工业物联网与生产管理系统相连，实现智能化生产过程控制。研究人员可以探索智能制造与供应链优化的理论，以实现供应链的智能化管理和优化。这包括利用大数据分析、人工智能等技术优化供应链的计划、采购、生产、库存等环节，提高供应链的响应速度和灵活性。

（3）数字经济与第二产业融合发展的理论研究还涉及工业大数据分析与预测维护的应用。

通过对工厂生产数据的收集、存储、处理和分析，数智工业可以实现设备故障预测与预防性维护。研究人员可以研究如何利用机器学习、数据挖掘等技术，分析工业大数据，识别设备异常行为并提前预测设备故障，以减少生产停机时间和维修成本。

这些理论研究的成果可以为数智工业的发展提供重要支撑，推动工业生产模式的转型升级，提高工业生产效率和质量水平。

二、融合发展的实践试点

许多国家和地区开展了数字经济与第二产业融合发展的实际试点(即数智工业)项目。

(1)德国一直是工业的领导者之一，其工业4.0倡导将数字化技术融入生产流程中。德国设立了多个工业4.0示范工厂，其中之一是“工业4.0应用中心”。这个试点项目旨在通过数字化技术提高生产效率和灵活性。通过使用物联网、云计算、人工智能等技术，实现生产流程的智能化、自动化，提高生产线的适应性和生产质量。例如，德国的西门子公司推进了数字化工厂的建设，通过引入工业物联网、人工智能、大数据分析等技术，实现了生产过程的数字化、网络化、智能化。数字化工厂可以实现生产过程的实时监控、智能调度、生产数据分析等功能，提高生产效率和产品质量。

(2)美国在工业物联网方面也进行了一些实践。一家位于俄亥俄州的汽车零部件制造公司引入了工业物联网技术，通过在生产设备上安装传感器，实现对生产过程的实时监测。这个试点项目通过收集和分析设备运行数据，优化了生产计划、减少了设备故障停机时间，提高了生产效率。

(3)日本推动智能制造的实践主要体现在一些智能制造技术园区。例如，名古屋地区的“智能制造合同研究机构”致力于推动智能制造技术的研发和应用。该试点项目集中力量研究机器人、自动化、数字化技术在制造业的应用，提高工业自动化水平，促进数字化创新与制造业的深度融合。

(4)韩国设立了多个工业4.0产业园区，其中包括仁川自由经济区。这些园区致力于推动工业4.0相关技术的应用，包括物联网、大数据、云计算等。实践试点项目通过搭建数字化工业生态系统，推动制造企业的数字化转型，提高生产效率和产品质量。

(5)中国积极推动数字经济与第二产业融合，建设智能制造试点城市。例如，中国在一些地区建设了智能制造示范基地，如江苏苏州工业园区、广东东莞制造业转型升级示范区等。这些示范基地通过引入先进的数字化技术和智能制造设备，展示数字化创新与工业融合的最新成果。例如，这些示范基地可以展示智能生产线、智能仓储系统、智能物流系统等，吸引企业参观学习，促进数字化技术在实际生产中的应用。许多企业开始建设数字化工厂，将数字化技术融入生产流程和管理中。杭州作为国家智能制造试点城市之一，在数字化创新方面进行了多项实践，包括建设数字工厂、推动工业互联网、应用人工智能等。这些试点项目旨在提升制造业的数字化水平，推动传统工业向智能制造的转型。"中国制造 2025"中指定了一批智能制造试点示范项目，涵盖机械制造、汽车制造、电子信息等多个领域。这些试点项目旨在推动传统产业向智能制造转型，探索数字化技术在不同行业中的应用路径和效果。

以上这些实践试点项目通过将数字经济与第二产业融合，提高生产效率、降低成本、优化资源利用，为未来工业的数字化转型提供了宝贵的经验和示范。这些经验不仅对当地工业发展有积极影响，也为其他地区的数字经济与第二产业融合提供了有益借鉴。

三、融合发展的人才培养

数字经济与第二产业融合发展需要培养具备数字化技术和工业知识的复合型人才。培养这种人才的方式主要有以下几种。

(1)为了培养数智工业领域的人才，高等教育机构可以设计跨学科的专业课程，涵盖工程学、计算机科学、数据科学、物联网等多个领域。这些课程旨在培养学生具备跨学科的知识背景和技能，使他们能够理解工业生产流程、掌握数字化技术、应用数据分析工具等。例如，一些大学开设了工业工程与信息化、智能制造工程、工业大数据分析等专业，培养学生成为懂得将数字化技术应用于工业领域的专业人才。为了加强人才的实践能力和增加人才的工作经验，学校可以推动产学研结合的实践项目。学生可以参与企业实际项目，与工程师、研发人员一起工作，了解工业生产现场、应用数字化技术的案例和实践经验。例如，学校可以与工业企业合作开展实训基地建设，为学生提供实际工作机会，让他们参与工业自动化、智能制造、工业大数据分析等项目。

(2)行业协会和机构可以制定相关的认证和培训计划。这些培训计划可以覆盖工业物联网、大数据分析、人工智能在工业生产中的应用等内容。例如,一些知名的数字化技术企业或行业协会会提供针对工程师、技术人员的数字化技术培训课程,帮助他们掌握最新的数字化工具和技术。

(3)学校和企业可以共建创新实验室和研究中心,专注于数智工业领域的研究与应用。这些实验室和中心为学生和工程师提供了进行数字化创新研究的平台,培养他们的研发能力和创新意识。例如,一些企业会与高校合作建设数字化创新实验室,共同开展工业互联网、智能制造、工业大数据分析等方面的研究项目。

通过以上方式,国家可以培养出既懂得工业生产流程又能熟练应用数字化技术的复合型人才,促进数字经济与第二产业融合发展的人才储备和人才培养。

四、融合发展的模式推广

数字经济与第二产业融合发展的模式推广需要多方合作、政策支持和示范引领。

(1)政府可以制定支持数字经济与第二产业融合发展的政策措施,提供税收优惠、资金补贴、产业园区建设等方面的支持,鼓励企业采用数字化技术进行工业升级。例如,政府可以制定数字化制造产业发展规划,明确发展方向和重点领域;建立数字化制造产业示范区,吸引企业入驻并提供政策支持。

(2)产学研合作是推广数字经济与第二产业融合发展模式的重要途径。政府可以鼓励高校、科研院所与工业企业开展合作,共同进行数字化创新研究和技术开发。例如,高校可以与企业合作开展数字化制造技术研究项目,共同探索数字化制造的关键技术和应用案例,并将研究成果推广应用于实际生产中。

(3)建立示范工厂和数字化智能制造平台是推广数字经济与第二产业融合发展模式的有效方式。这些平台可以展示数字化技术在工业生产中的应用效果,为其他企业提供借鉴和学习的机会。例如,一些企业可以建立数字化智能制造示范车间，展示智能生产线、数字化管理系统、智能设备等应用情况，吸引其他企业共同探索数字化制造的发展路径。

(4)推广数字经济与第二产业融合发展模式还需要通过成功案例和经验分享来提升认知和推动行动。企业可以通过举办研讨会、发布会、论坛等形式，分享数字经济与第二产业融合的成功经验和最佳实践。例如，企业可以邀请行业专家、学者和政府官员参与，共同探讨数字化制造的发展趋势、关键技术和市场机遇，为企业决策者提供参考和启示。为了推广数字经济与第二产业融合发展模式，需要建立完善的数字化技术培训和人才培养体系，培养更多懂得数字化技术应用的工业人才。例如，政府可以支持建立数字化技术培训中心或职业教育机构，为从业人员提供数字化技术的培训和技能提升机会。

通过以上方式，可以有效推广数字经济与第二产业融合发展模式，促进数字经济与第二产业融合的深入发展，推动工业转型升级。

第五节　数字经济与第三产业融合发展

一、融合发展的理论研究

数字经济与第三产业(服务业)融合发展离不开数智服务业。数智服务业的理论研究旨在探索如何利用数字化技术提升服务业的效率、质量和个性化服务水平，其具体作用有以下几方面。

(1)数字化创新可以帮助服务行业提供更智能化的客户体验和个性化服务。

理论研究可以探索如何利用大数据分析、人工智能和机器学习技术，从客户行为数据中提取有效信息、预测客户需求，为客户提供个性化的服务体验。例如，银行可以利用客户的消费行为和偏好数据，为客户推荐个性化的金融产品和服务，提高客户满意度和忠诚度。

(2)数字化创新可以改变服务行业的营销方式和消费者行为分析方法。

理论研究可以探索如何利用数字化营销工具和数据分析技术，更准确地了解消费者的需求和行为，提高营销效果和销售转化率。例如，零售业可以利用消费者在网上购物的浏览记录和购买行为，精准定位目标客户群体，开展个性化的营销活动，提高销售额和客户满意度。

(3)数字化创新可以优化服务业的供应链和物流管理，提高运输效率和服务水平。

理论研究可以探索如何利用物联网、区块链和大数据技术，实现供应链的智能化管理和物流信息的实时监控。例如，快递行业可以利用物联网技术实时监控货物的位置和状态、优化路线规划和配送方案、提高物流效率和送达准时率。

(4)数字化创新可以改善服务行业的客户服务体验，提高客户满意度和服务效率。

理论研究可以探索如何利用智能客服系统、语音识别和自然语言处理技术，实现客户服务的自动化和智能化。例如，酒店行业可以利用智能客服系统和在线预订平台，为客户提供24小时在线预订和咨询服务，提高客户体验和服务效率。

以上理论研究的探索和实践，可以推动数字经济与第三产业融合发展，促进服务业的智能化、个性化和高效化。

二、融合发展的实践试点

数字经济与第三产业融合发展的实践试点(即数智服务业)涉及多个领域和行业。

(1)在旅游行业，一些酒店尝试引入智能酒店管理系统，利用数字化技术提升客户体验和服务效率。

这些系统可以包括自助办理入住、智能客房控制、在线预订服务、智能客服等功能。例如，万豪国际集团的万豪酒店试点了“万豪荟萃”系统，该系统通过手机App可以实现客房选购、自助办理入住、智能房间控制等服务，提升了客户入住体验。

(2)在零售行业，一些商家尝试利用数字化创新提升购物体验和服务效率。

这些商家通过引入智能购物车、人脸识别支付、线上线下一体化服务等方式，实现数智化服务。例如，盒马鲜生采用了智能购物车和人脸识别支付技术，顾客可以通过手机 App 扫码选购商品，通过人脸识别自动完成支付和结账。

(3)在医疗与健康服务领域，一些机构尝试引入数字化创新，提升医疗服务的质量和效率。

这些机构通过建立电子病历系统、远程医疗服务、智能健康监测设备等方式，实现数智化医疗服务。例如，互联网医疗平台“平安好医生”提供了在线医生咨询、线上药品购买、远程医疗服务等功能，方便用户随时随地获取医疗服务。

(4)在城市管理和交通领域，一些城市尝试利用数字化技术提升城市服务水平和交通管理效率。

这些城市通过建立智能交通信号灯、智能停车系统、城市数据分析平台等方式，实现数智化城市管理和交通服务。例如，新加坡引入了智能交通信号灯系统，根据实时交通流量调整信号灯时长，优化交通流动性和车辆通行效率。

这些实践试点项目在不同领域和行业展示了数字经济与第三产业融合发展的成果和前景，为促进服务业的智能化、个性化和高效化提供了示范和借鉴。

三、融合发展的人才培养

数字经济与第三产业(服务业)融合发展需要培养具备数字化技术和服务业知识的复合型人才。培养这种人才的方式主要有以下几种。

(1)高等教育机构可以设计跨学科的专业课程，涵盖服务业管理、数字化技术、数据分析等多个领域。这些课程旨在培养学生具备服务业理论知识和数字化技术应用能力。例如，一些大学开设了服务管理与信息技术、数字化营销与消费者行为分析等专业，培养学生成为懂得服务业运营和数字化创新的复合型人才。为了培养学生的实践能力和工作经验，学校可以推动产学研合作的实践项目。学生可以参与服务行业企业的实际项目，与业内专业人士合作,学习并应用数字化技术于服务业实践中。例如,学校与酒店管理公司合作开展实训基地建设,让学生参与酒店数字化服务系统的设计和实施,提升其对数字化服务业的理解和应用能力。

(2)行业协会和企业可以为服务业从业人员提供数字化技术的培训和认证机会。这些培训计划可以覆盖服务行业的数字化转型、数据分析、用户体验设计等方面。例如,餐饮行业的餐饮连锁品牌可以为员工提供数字化服务系统的培训,让他们掌握订单系统、支付系统等数字化工具的操作和管理技能。

(3)学校和企业可以共建专注于服务业的数字化创新研究和应用的创新实验室和研究中心。例如,酒店管理公司与大学合作建立数字化服务创新中心,开展酒店客户体验、在线预订系统、智能客服等方面的研究项目。

通过以上方式,可以培养出既懂得服务业运营管理又能熟练应用数字化技术的复合型人才,推动数字经济与第三产业融合发展,提升服务业的智能化、个性化和高效化水平。

四、融合发展的模式推广

数字经济与第三产业融合发展的模式推广可以通过多种途径实现。

(1)创建数字化服务平台是推广数字经济与第三产业融合发展模式的关键步骤。

这些平台可以是在线预订平台、智能客服平台、数字化营销平台等,提供一站式服务解决方案。例如,美团、大众点评等数字化服务平台为餐饮、旅游、娱乐等服务行业提供了线上预订、评价、优惠信息等功能,推动了服务业的数字化转型。第三产业将数智服务业示范项目和合作案例进行推广,通过行业展会、峰会、研讨会等形式,分享成功经验和最佳实践,可以激发更多企业参与数字化创新。例如,一些成功的智能酒店、智能零售店、智能健康管理项目可以被推广为行业的典范,吸引更多企业效仿,促进数字化服务业的普及和发展。

(2)政府可以制定支持数字化服务业发展的政策措施,鼓励企业采用数字化技术提升服务质量和效率。

政府部门也可以提供资金支持、税收优惠等政策扶持。例如，一些城市政府推出数字化服务业发展专项资金，支持企业进行数字化转型和服务升级，促进数字化服务业的健康发展。

(3)行业协会和商业组织可以发挥引领作用，推动数字化创新在服务业的广泛应用和推广。它们可以组织行业内的数字化创新交流活动、举办培训课程，分享最新技术和发展趋势。例如，酒店业协会可以组织数字化酒店管理论坛，邀请行业专家和企业代表分享数字化服务的最新成果和经验，推动数字化服务业的普及和应用。

(4)通过媒体宣传和公众教育，相关行业可以提升数字化服务业的知名度和认知度，激发消费者对数字化服务的需求和兴趣。媒体可以报道成功的案例和数字化服务业的优势，引导消费者改变消费习惯。例如，新闻报道、专题节目、社交媒体等渠道可以介绍数字化服务业的创新模式和便利之处，吸引更多消费者尝试数字化服务。

通过以上推广方式，可以促进数字经济与第三产业融合发展，推动数智服务业模式的普及和应用。

第六节　数字经济与实体经济融合发展孕育新行业

数字经济与实体经济融合发展，孕育了许多新行业，这些行业在全球范围内迅速成长并产生了重大影响。

(1)在线教育行业。

在数字化创新的推动下，在线教育行业蓬勃发展。各种在线教育平台和教育科技公司利用互联网技术、人工智能等创新技术，为学生提供了更加灵活、个性化的学习体验。例如，Coursera、edX、Udemy 等在线教育平台提供了丰富多样的在线课程，涵盖各种学科和技能培训，为个人和企业提供了学习和培训的新途径。

(2)数字化医疗保健行业。

数字经济与实体经济融合发展，推动了数字化医疗保健行业的发展。通过远程医疗、医疗大数据分析、健康监测设备等技术，医疗保健行业提高了医疗服务的效率和质量。例如，Teladoc Health 等公司提供远程医疗服务，让患者可以通过手机或电脑与医生进行视频会诊，节省了就医时间和成本，同时提高了医疗资源的利用率。

(3)共享经济平台。

共享经济平台是数字化创新与实体经济模式创新的典型代表。通过在线平台，个人和企业可以共享资源、服务和资产，推动了资源的共享和利用效率的提升。例如，Uber、Airbnb 等共享经济平台改变了传统的交通和住宿模式，让个人和车辆、房屋等资源得到更加充分的利用。

(4)区块链和加密货币行业。

区块链技术的发展催生了新的数字经济行业。区块链技术的应用不仅在加密货币领域，还涉及供应链管理、数字资产交易、智能合约等多个领域。例如，比特币、以太坊等加密货币的出现，引发了对去中心化数字货币的关注和研究，促进了数字经济的多元化发展。

(5)虚拟现实(VR)与增强现实(AR)行业。

虚拟现实和增强现实技术的发展催生了新的数字经济行业。这些技术被应用于游戏、娱乐、教育、医疗等多个领域，拓展了数字经济的边界。例如，Oculus Rift、HTC Vive 等虚拟现实设备的推出，带动了虚拟现实内容和应用的快速发展，为用户提供了沉浸式的体验。

(6)直播行业的崛起。

随着互联网的普及和移动互联网技术的发展，直播行业规模不断扩大。越来越多的人通过手机、电脑等设备观看直播内容，形成了庞大的用户群体。

直播内容多样化，涵盖各个领域(包括娱乐、游戏、体育、教育、美妆、电商等)。用户可以观看到各种各样的直播内容，满足不同需求和兴趣。越来越多的主播加入直播行业，竞争日益激烈。优秀的主播可以通过直播平台赚取丰厚的收入，吸引了大量人才涌入这一行业。目前，直播平台(包括腾讯视频、快手、抖音、哔哩哔哩、YY、斗鱼等)市场竞争非常激烈。各个平台通过提供独特的功能、内容和服务来吸引用户和主播。

电商直播成为近年来的热门发展趋势。许多电商平台开始与主播合作，通过直播的形式进行产品展示和销售，提升用户购买体验和销售额。直播行业在国际上也有着显著的发展。一些中国直播平台开始进军海外市场，同时，海外直播平台也在不断壮大。这种国际化的竞争加剧了行业的发展。技术创新是直播行业发展的重要推动力量。随着5G技术的普及和虚拟现实、增强现实技术的应用，直播内容的形式和体验将会得到进一步提升。总体来说，直播行业作为数字经济的新兴领域，正在不断创新和发展，为用户提供了全新的沟通、娱乐和消费方式。

第七节　数字化人才培养和智能化劳动力

一、新型数字化人才需求

数字化创新推动了对新型数字化人才的需求，包括数据分析师、人工智能专家等。

(1)数据分析师。

随着大数据时代的到来，企业越来越需要从海量数据中提取有价值的信息来支持决策和业务发展。因此，数据分析师成为许多企业迫切需要的岗位之一。例如，电商公司需要数据分析师来分析用户行为、购买模式和趋势，以优化推荐算法和营销策略；金融机构需要数据分析师来进行风险评估和投资决策。

(2)人工智能专家。

人工智能技术的广泛应用需要专业的人工智能专家来研发、设计和部署各种智能系统和算法。人工智能专家的需求在各个行业都持续增长。例如，自动驾驶汽车需要人工智能专家设计和优化车辆感知系统、决策系统和控制系统；医疗行业需要人工智能专家开发医疗影像识别系统和智能诊断辅助工具。

(3)数据科学家。

数据科学家是综合运用数学、统计学、计算机科学等知识，从大数据中提取知识和见解的专业人士。数据科学家的工作涵盖数据清洗、建模、预测分析等方面。例如,社交媒体公司需要数据科学家分析用户行为、内容趋势和社交网络结构,以优化平台的用户体验和推荐算法;医疗保健行业需要数据科学家利用临床数据进行疾病预测和治疗方案优化。

(4)区块链专家。

区块链技术的发展推动了对区块链专家的需求。区块链专家负责设计和开发区块链应用程序,确保区块链网络的安全和稳定运行。例如,金融机构需要区块链专家设计和开发数字货币、智能合约等金融产品和服务;供应链行业需要区块链专家建立可追溯的供应链管理系统。

总体来说,数字化创新不断推动着各行各业对新型数字化人才的需求,这些人才具备数据分析、人工智能、数据科学、区块链等领域的专业知识和技能,能够应对日益复杂和多样化的数字化挑战。

二、数字技术培训和智能化工具

引入数字技术培训和智能化工具,可以提升劳动力的技能水平,适应数字化时代的工作需求。

(1)数字化营销培训。

许多公司提供数字化营销培训,以帮助员工掌握数字营销工具和技能,培训内容包括社交媒体管理、搜索引擎优化(SEO)、内容营销等。这样的培训使员工能够更好地利用数字平台与客户互动,推动销售和品牌建设。例如,零售公司为销售团队成员提供社交媒体营销培训,教授他们如何创建有效的社交媒体广告、编写吸引人的内容,以及利用数据分析工具评估营销活动的效果。

(2)数字化生产流程培训。

制造业公司可以引入数字化生产流程培训,培养员工掌握数控机床操作、自动化生产线维护、物联网设备监控等技能。这有助于提高生产效率、降低生产成本,以及更好地适应数字化制造的发展趋势。例如,汽车制造厂培训生产线操作员和技术人员,使他们能够熟练操作数字化控制系统、使用自动化生产设备,并理解生产数据分析工具的应用。

(3)智能化办公工具应用培训。

公司可以提供培训以教育员工如何使用各种智能化办公工具,培训内容包括项目管理软件、在线会议平台、协作工具等。这种培训有助于提高团队协作效率、降低沟通成本,并适应远程办公和灵活工作的趋势。例如,跨国企业为员工提供培训,教授他们如何使用虚拟团队协作平台,共享文档、安排会议、在线沟通,并利用远程会议工具进行远程工作协作。

(4)数据分析与决策支持培训。

公司可以开展数据分析与决策支持培训,帮助员工掌握数据收集、处理、分析的技能,以及数据驱动决策的能力。这种培训有助于提高员工的数据素养,使其能够更有效地利用数据支持业务决策。例如,金融服务公司为员工提供数据分析培训,教授他们如何使用数据分析工具和技术,识别市场趋势、客户需求,制定更具针对性的营销和销售策略。

(5)人工智能(AI)工具使用培训。

人工智能(AI)工具有助于提高员工学习、科研、工作能力和效率。首先,公司需要识别员工的现有技能水平和对人工智能的了解程度(这可以通过调查、问卷调查或面试来实现)。基于这些信息,公司再确定员工的培训需求和学习目标。培训课程应该从人工智能的基础知识(包括人工智能的定义、应用范围、基本原理等)开始,这有助于员工建立对人工智能的基本理解和认识。培训课程应该介绍常见的人工智能工具和技术(例如机器学习、深度学习、自然语言处理、计算机视觉等)培训课程应解释这些技术的基本原理、应用场景和案例。通过展示实际案例和应用,这些课程能够向员工展示人工智能技术在实际工作中的应用和效果,包括各种行业的案例(如金融、医疗、零售等),以及各种应用场景(如智能客服、智能推荐、预测分析等)。培训课程应提供实践操作和案例研究的机会,让员工亲自动手使用人工智能工具和技术。这可以通过实验、模拟项目或实际案例分析来实现,让员工亲身体验人工智能技术的应用过程和效果。在培训结束后,企业应为员工提供持续的支持和资源(如在线课程、教程、指南、论坛等)。这样员工可以继续深化对人工智能技术的学习和应用,并不断提升自己的技能水平。例如,一家金融公司可以举办一系列人工智能工具使用培训课程,涵盖机器学习算法、数据分析工具、自然语言处理技术等方面。培训课程将通过讲座、案例研究、实践操作等形式,让员工了解人工智能的基础概念、工作原理,并掌握相关工具和技术的使用方法。这样的培训可以帮助员工更好地应对日益数字化和智能化的工作环境,提升工作效率和竞争力。

通过以上培训举措,员工可以获得更多的数字化技能和知识,适应数字化时代的工作需求,提高工作效率和竞争力。这不仅有助于个人职业发展,也为企业实现数字化转型提供了有力的支持。

第六章　数字化技术在实体经济中的应用

数字经济与实体经济的融合发展，不仅是政府和企业共同发展的必由之路，同时也是实现经济高质量发展的关键所在。本章将介绍数字化技术在实体经济中的应用。

第一节　国外数字化技术在实体经济中应用的典型案例

一、麦肯锡公司的数字化转型

2020年以来的经济形势迫使许多公司进行了大规模的数字化转型，各大公司都在尝试使它们的业务变得更加敏捷、灵活和快速。2020年是许多公司传统业务的终点，但也是它们数字化转型的机会。麦肯锡公司便以闪电般的速度做到了这一点。早在2020年之前，麦肯锡公司的领导人中，便有92%的人认为他们当前的商业模式将无法满足未来的数字化需求。麦肯锡公司赢得数字化转型之战固然离不开现任公司领导人的高瞻远瞩，但使它真正脱颖而出的，则是以下这几个要素。

(1)转型速度。

公司若想实现领先只能更快地转型。例如，麦肯锡比同行更快地重新分配人才和资本，以适应数字化转型的需求。

(2)做好重塑准备。

尽管企业需要维护其现有的业务，但长期保持现有状态是危险的。想要实现领先的企业往往会通过技术升级来拓展其业务核心以做好重塑的准备。

(3)大胆投入。

大胆投入对数字化转型非常重要。麦肯锡公司投入了大量资金用于数字化转型。

(4)数据驱动。

利用数据驱动，麦肯锡公司的数据分析项目为公司至少贡献了20%的税前利润。

(5)以客户为中心。

麦肯锡公司建立了“以客户为中心”的理念。该理念使麦肯锡公司能够基于成本产生20%～50%的经济收益。

麦肯锡公司通过采用这些策略和方法成功实现了数字化转型。

二、亚马逊公司的数字化转型

数字化转型为企业的组织创新和发展带来了独特的机会，但它也带来了重大的挑战，以下是亚马逊公司数字化转型的典型案例。

1. 数字化转型计划概述

亚马逊公司作为消费领域的巨头，正积极向B2B领域转型，以适应数字时代下客户的期望。其业务不仅为消费者提供服务，更为企业用户打造了一个涵盖亚马逊公司及第三方商品的采购市场。此外，个人用户也能代表其组织进行采购，并享受订单审批流程整合及报告服务，极大地提升了采购效率。

2. 采用的方法

亚马逊公司通过提供超过2.5亿种商品，涵盖从清洁用品到工业设备等广泛品类，为B2B供应商构建了一个全面的市场平台。为了吸引更多企业和个人用户，亚马逊公司推出了多项优惠措施(如订单金额满49美元即可享受的免费两日送达服务以及专属的价格折扣)。同时，亚马逊公司还提供了购买系统集成服务(包括共享付款方式、订单审批流程以及增强的订单报告功能)，允许合格客户实现采购流程的自动化。此外，亚马逊公司还鼓励制造商与买家建立直接联系，并通过现场专家计划解答产品相关问题，从而增强了平台的互动性和专业性。

3. 取得的成果

亚马逊公司在美国的 B2B 批发市场中占据了显著地位，其潜在市场规模估计在 7.2 万亿至 8.2 万亿美元之间。根据产品类别和订单规模的不同，亚马逊公司开始从第三方卖家处收取一定比例的提成（为成交额的 6%～15%）。借助丰富的商品种类和个性化的产品推荐，亚马逊公司能够为客户提供更加优质的购物体验，从而进一步巩固其在 B2B 领域的市场地位。

三、Netflix 公司的数字化转型

Netflix 公司通过向客户提供按需订阅的视频服务，实现了数字化转型，改变了娱乐行业。

1. 数字化转型计划概述

与老牌视频租赁公司 Blockbuster 相似，Netflix 公司最初也采用租赁付费的模式，涵盖 DVD 销售和邮寄租赁服务。然而，Netflix 公司预见到，随着数字化浪潮的兴起，客户需求将发生变化。因此，它果断转型，推出了在线视频服务，从而彻底击败了 Blockbuster 公司，对整个电影租赁行业产生了深远的影响。

2. 采用的方法

2007 年，Netflix 公司推出了视频点播流媒体服务，以补充其 DVD 租赁服务，并且不向其用户群体收取额外费用。该公司拥有无与伦比的推荐引擎，能够提供个性化的客户体验。借助该服务，它成功创造了一个简单且可扩展的商业模式，并持续将其预算的 10%投入到研发中。

3. 取得的成果

Netflix 公司是 2020 年美国最受欢迎的数字视频内容提供商（图 6.1），领先于其他流媒体巨头（如亚马逊公司）。2020 年后，Netflix 公司的新增用户数量创下了 3600 万的纪录。

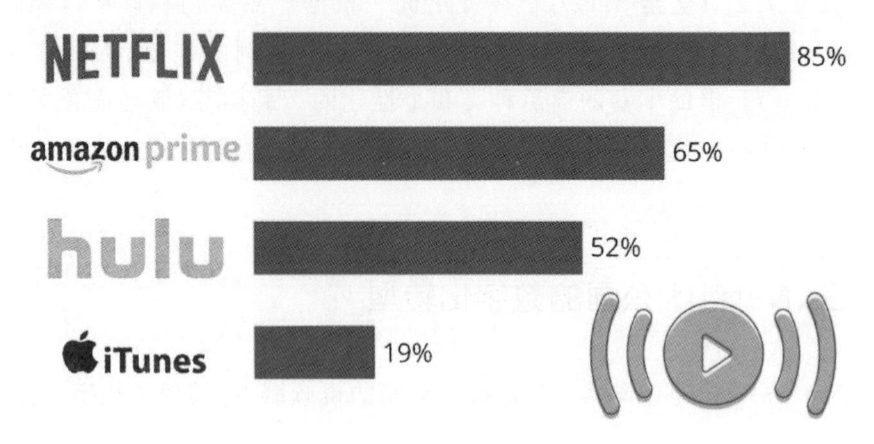

图 6.1 美国消费者在数字视频内容提供商上的消费排行(2020 年)

四、特斯拉公司的数字化转型

特斯拉公司利用先进的汽车连接技术和空中软件更新策略来提升客户体验,做到节省成本并减少碳排放。

1. 数字化转型计划概述

谈及数字化转型,若不提及埃隆·马斯克所推崇的"非常规"思想,任何讨论都将显得不够完整。在埃隆·马斯克的奇思妙想下,特斯拉公司取得了巨大的成功。特斯拉公司无疑是数字化转型的典范,它成功证明了电动汽车在外观设计与性能表现上不输于传统燃油车。多年来,特斯拉公司持续创新,不断优化其产品,旨在提升其经济性并大幅减少碳足迹。

2. 采用的方法

作为全球最大的汽车制造商之一,特斯拉公司凭借其自动空中固件更新技术,使车辆能够远程提升安全性、操作性能及信息娱乐功能。例如,通过OTA 更新,特斯拉公司成功修复了因功率波动导致的过热问题。此外,特斯拉公司还推出了自动驾驶功能,该功能能在高速公路上自动控制车辆的速度和位置,有效预防潜在事故(需要用户保持手握方向盘)。这种先进的汽车连接技术不仅构建了智能数据平台,更为用户带来了前所未有的自主驾驶体验。特斯拉公司进一步探索数据驱动的未来,运用数据分析需求趋势与常见投诉,从中获得启发。尤为值得一提的是,特斯拉公司一直在收集其所有第一代和第二代汽车的驾驶数据,截至2022年,特斯拉公司已经收集了128.7亿 km 的驾驶数据,相比之下,Google 的自动驾驶汽车项目 Waymo 的数据积累仅为1609万 km。

3. 取得的成果

特斯拉公司的空中软件更新策略不仅通过减少用户前往经销商的次数降低了碳排放,还极大地节省了消费者的时间与金钱。2021年,特斯拉公司创下了交付936172辆汽车的纪录,与2020年的499550辆相比,实现了显著增长。

五、Glassdoor 公司颠覆了招聘行业

1. 数字化转型计划概述

Glassdoor 公司致力于提高工作场所的透明度,通过让人们看到数百万条员工对雇主的点对点评论来帮助人们找到合适的工作。这些评论涵盖公司的整体文化、首席执行官评价、福利待遇、薪资水平等。

2. 采用的方法

Glassdoor 公司收集并分析员工对雇主的评论,以向候选人提供准确的工作建议,同时也为雇主提供有价值的反馈。它还允许招聘机构和组织下载有价值的数据信息,以进行深入分析和报告。它进一步引入了增强的配置文件作为付费服务,客户可以在其 Glassdoor 配置文件上自定义内容(如工作清单、"为什么它是最佳的工作场所"标签、社交媒体属性等)。这为雇主提供了一种新的方式来吸引和招募顶尖人才。

3. 取得的成果

Glassdoor 公司通过其点对点网络,汇聚了大量的面试问题、薪水见解、

首席执行官评级和组织文化信息，使其成为最值得信赖、使用最广泛的工作搜索和招聘平台之一。Glassdoor公司亦利用其收集的数据进行美国的劳动力市场研究。据财富杂志报道，“适合工作的最佳公司”投资组合的平均表现优于标准普尔500指数的84.2%，而“最佳工作场所”投资组合的平均表现更是超出了整个市场表现的115.6%。

六、Under Armour公司变革健身行业

Under Armour公司通过数字化从一家运动服装公司转型为一个以数据驱动的数字业务引领者，旨在变革健身行业。

1. 数字化转型计划概述

Under Armour公司引入了“连接健身”的概念，通过统一的平台直接向客户的手机传输、分析和分享个人健康数据。

2. 采用的方法

Under Armour公司收购了多家技术型健身组织（如MapMyFitness、MyFitnessPal和欧洲健身应用Endomondo），总花费为7.15亿美元。这些收购为公司提供了其所需的技术和庞大的客户数据库，使其健身应用能够正常运行。该健身应用为Under Armour提供了丰富的信息，帮助它识别用户的健身和健康趋势。例如，Under Armour迅速捕捉到了一个源自澳大利亚的步行热潮，从而得以在竞争对手发现之前就能展开本地化的营销和分销工作。Under Armour将其实体产品和数字产品结合起来，通过如Armourbox这样的产品为客户提供沉浸式体验。公司鼓励客户在线分享他们的训练计划、喜爱的鞋款和健身目标，并利用高级分析技术，以订阅的方式向客户发送新鞋或服装，从而提升了客户的终身价值。它还采用了基于SAP HANA的敏捷开发模型和数据中心结构，利用戴尔EMC的数据保护技术来推动数字创新。

3. 取得的成果

Under Armour成功塑造了一个备受消费者关注、具备高敏捷性和变革精神的数字品牌。其应用程序为客户提供了量身定制的个性化体验。

七、Baystone Media公司在医疗保健业务上的数字化转型

Baystone Media公司利用Whatfix平台推动其医疗保健业务的数字化转型。

1. 数字化转型计划概述

Baystone Media公司致力于为医疗保健公司提供端到端的营销解决方案，通过低成本、高价值的订阅服务来促进其业务的数字化推广。Baystone Media公司通过提供无须编码即可创建个性化网站的服务来增强客户的营销能力。然而，由于其用户群体技术水平有限，客户无法充分利用这一个性化平台。

2. 采用的方法

为了解决上述问题，Baystone Media及其姐妹公司决定实施一种新的解决方案，使其客户能够轻松导航其平台。除了PDF和特定的培训视频之外，公司还需要寻找一种实时互动演练解决方案。最终，公司选择了Whatfix平台。

3. 取得的成果

Baystone Media公司的入站通话量减少了10%，服务工作量也下降了4.17%，这使得公司能够拥有更多时间为客户改进服务。

八、米其林公司为客户提供更全面的出行体验

米其林公司利用物联网和人工智能为客户提供更全面的出行体验。

1. 数字化转型计划概述

米其林公司的数字化转型战略主要围绕以下三个优先事项：与客户和最终用户建立个性化关系、开发新业务模式、改进现有业务流程。

2. 采用的方法

在产品的研发中，米其林公司广泛使用人工智能，通过数字制造和预测性维护推动数字供应链。例如，智能手环被用于连接机器操作员以辅助制造

过程;复杂的机器人被部署来接管文书工作。米其林公司利用高级分析技术成为一个数据驱动的组织。Effifuel 和 Effitires 等产品不仅带来了显著的成本节约,还提高了整体效率。米其林公司在变革前采取了谨慎的态度,并在全面推广前启动了多个小规模试点项目。

3. 取得的成果

Effifuel 等产品为公司节省了开支,并使每辆车的利润翻倍。使用新产品使车辆的燃料消耗量每百千米减少了 2.5 升,这意味着长途运输车辆每年能够节省 3200 欧元。米其林公司成功将其商业模式从销售轮胎转变为替用户提供性能保障服务,提高了客户满意度、忠诚度以及税息折旧及摊销前的利润率。

九、总结

每个行业和组织在推动数字化转型举措时都面临独特的挑战。每个组织在实施新技术时都必须找到个性化的解决方案和正确的数字化转型模式。它们遭遇的挑战可以更好地为即将数字化转型的企业提供参照。但具体解决方案需要根据企业的业务需求进行个性化定制,与企业的客户和员工进行开放沟通将有助于企业更早发现潜在问题。

第二节　国内实体经济数字化转型的实战案例

一、AI 降低运营成本

标准化操作流程(standard operation procedure,SOP)为公司带来效率的同时,也带来了弊端。一方面,员工重复性工作增多,导致公司离职率变高;另一方面,随着店铺数量增加,人员成本也逐渐增加。以财务岗位为例,某公司每隔两天就需要将店铺后台的钱取出,将美元兑换成人民币,财务人员需要登录账号、点击后台、提取金额、兑换货币等。该公司拥有60个店铺，意味着财务人员需要重复操作60次，这是一个极其枯燥的流程。

机器人流程自动化（robotic process automation，RPA）是一种基于软件机器人和人工智能技术的业务过程自动化科技。它通过模仿用户在电脑上的手动操作方式，提供了一种新的手段来自动化各种业务流程和任务。RPA的核心原理在于使用软件机器人或人工智能来执行预定义的规则和指令。这些规则和指令模仿人类用户在计算机系统中的操作，如键盘输入、鼠标移动、数据提取等，以完成特定的任务。RPA可以应用于多个领域，如数据录入和处理、业务流程自动化、客户服务和支持、财务和会计操作，以及人力资源管理等。RPA的功能包括自动化任务执行、用户界面自动化、规则驱动的操作、跨应用程序集成、数据处理和分析、异常处理和监控以及安全和合规性保障。这些功能使得RPA产品能够提高工作效率、减少人工干预，并处理复杂的业务流程[19]。

RPA可以帮助企业提高生产力和竞争力。RPA作为一种无须编写代码的自动化工具，通常使用图形化用户界面和配置工具来创建自动化流程。使用RPA的一般流程包括定义自动化流程、创建自动化流程、测试和调试自动化流程，以及部署和运行自动化流程。除了RPA，还有其他自动化技术，如AI自动化、业务流程管理自动化和IT自动化，它们各自专注于更复杂的任务和更广泛的业务流程管理。RPA在电商、互联网等行业的应用非常广泛，例如自动化客服、自动化订单处理和数据抓取等。目前，RPA已经广泛应用于金融、保险、医疗、零售、制造等多个行业，其中一些应用案例包括自动化营销和数据分析等。近几年，国内布局RPA的公司有很多，这些公司基于RPA制作出的软件机器人，可以像人类一样在界面上操纵应用程序。程序代码的稳定性，也能降低人为操作所带来的错误率。

打开某公司RPA后台，操作人员可以像搭积木一样，通过拖、拉、拽、搭建出一套自动化应用，实现诸如“数据采集、表单填写、自动回复、财税开票”等业务的自动化。在一些具有规模的电商公司里，RPA已经是一个不可或缺的办公助手。使用RPA简化办公流程的除了有奥康、森马、蓝月亮、安踏等零售电商品牌，还包括辛选集团、遥望科技等多频道网络公司。流程被拆分后，每个工作流程被拆成20～30个节点。如果该流程被判断是可被机器人替代的标准化工作，就可以在 RPA 中建立业务流程。在软件的运行下，一个原本可能需要 6 个多小时才能完成的财务货币提取兑换工作，被压缩到仅需要 2～3 小时。

该公司负责人表示使用 RPA 后，原先需要 40 个运营人员才能完成的工作，如今只需要 20 名运营人员。RPA 带给该公司最直观的改变，除了人员方面还包括开店速度。该公司的开店速度是原来的 2 倍。店铺数量的增加能够增加该公司的销售额。而后台评论的增加则可以带来回购率。RPA 可以识别后台评论是否具有风险性，判断它对店铺是否会产生负面影响，根据不同的情况，可以实现千人千面的售后处理模式。

二、华新水泥数字化引领绿色低碳智能制造

华新水泥始创于 1907 年，被誉为中国水泥工业的摇篮，110 多年来为国家和地方经济社会发展作出了突出贡献。华新水泥企业资信为“AAA”级，其商标为中国驰名商标。北京 20 世纪 50 年代的“十大建筑”、北京亚运村、葛洲坝、京珠高速公路、长江中下游数十座公路和铁路大桥、举世瞩目的三峡工程等国家重点工程，均选用华新水泥。

1994 年，华新水泥 A、B 股在上海证券交易所上市。1999 年，华新水泥与瑞士 Holcim 集团结为战略伙伴关系。2022 年 3 月 28 日，华新水泥成功实施 B 股转 H 股，正式登陆香港交易所主板。近 20 年来，华新水泥发生了翻天覆地的变化，在中国水泥产量年均复合增长率为 7.5%的背景下，华新水泥主要经济指标年均复合增长率连续 20 年保持 25%，华新水泥也从一家地方性水泥工厂，发展成为在全国十余个省市及海外共拥有 300 余家分、子公司，涉足水泥、混凝土、骨料、环保、装备制造及工程、新型建筑材料等领域全产业链一体化发展的全球化建材集团，名列中国制造业 500 强和财富中国 500 强(净资产收益率位居第 10 位)。华新水泥连续多年入选“中国 500 最具价值品牌榜”，品牌价值突破 800 亿元人民币，排名进入前 80 名。

华新数字化创新中心，一直是中国水泥行业信息化的标杆，拥有业内领先的企业资源计划实施方案，并且率先推出网上商城、移动客户端等先进的商业智能化方案。近年来，华新数字化创新中心还积极推动人工智能和大数

据分析技术在水泥行业的应用，率先推动数字化、智能化的各类智能工厂解决方案。华新数字化创新中心坐落于武汉市东湖高新技术开发区内的光谷国际企业中心。目前华新数字化创新中心不仅拥有人工智能、大数据分析和高级软件开发等各类信息化人才，而且还招纳了水泥行业内高级自动化控制和工艺优化相关的研究人员。华新数字化创新中心自成立以来，始终坚持以理念创新、模式创新和技术创新的方式服务水泥行业，帮助华新水泥稳居国内同业前列。

华新数字化创新中心运用多层模型、预测控制、数字孪生、智能 AI 等技术，自主搭建了智能控制系统，构建了水泥低碳智能制造全流程业务体系，整体技术水平达到国际领先，案例成果已在 18 家工厂推广应用。它的成果使熟料电耗下降 9.53%，熟料综合煤耗下降 3.78%，为公司累计节约 6.53 万吨煤，节约用电 4040 万千瓦时，减少二氧化碳排放 32.49 万吨，累计创效约 1.57 亿元，对我国传统工业绿色低碳智能制造具有重要示范作用[20]。

三、联影医疗打造精准诊疗创新生态

联影医疗是一家全球领先的医疗科技企业，致力于为全球用户提供覆盖预防、诊断、治疗、康复全流程的创新解决方案，打造全智能化的医疗健康生态。该集团下属多家子公司，自主研发了全线医学影像及放疗产品、医疗机器人、智能化可穿戴设备与医疗芯片，并提供医疗信息化、医疗 AI、3D 打印等一系列解决方案及第三方精准医学诊断中心服务。在 2023 年中国国际医疗器械博览会上，联影医疗在展会上发布了 uHOR 魔方复合手术室等多项创新成果，融合 AI、5G、大数据等技术，打造一系列跨产品线的数智化平台，赋能全模态的精准诊疗装备，让医疗更智能、高效、精准，也更可及[21]。

复合手术室是指一种可以同时进行影像学诊断、介入治疗和外科手术的特殊手术室，旨在一次性完成原本需要在不同手术室分期才能完成的重要手术，实现一站式术前诊断、术中治疗和术后评估。

联影医疗推出的 uHOR 魔方复合手术室，对于急危重症患者有重要价值。以神经疾病治疗为例，介入手术过去只能在数字减影血管造影（DSA）手术室完成，如果术中出现疑似动脉瘤破裂，需要到 CT 室扫描确定，再将患者送到手术室开颅，诊疗流程的复杂性可能耽误抢救黄金时间。“诊疗联动”的复合手术室则能实现术中无缝连接，大幅简化患者就诊流程，降低患者转运过程中出现的风险。对医院而言，“诊疗联动”还能有效推进多学科诊疗模式，提升诊疗效率，并加强相关科室间的学科建设。uHOR 魔方复合手术室里有 75 厘米超大孔径的磁共振成像设备、与机器人融合的术中滑轨 CT、10 轴 DSA 等先进术中影像设备，以及手术机器人、腔镜、超声刀等治疗装备和无影灯、吊臂、吊塔等手术室基础设备。依托 5G、AI、区块链、AR 和 VR 等前沿技术，这种手术室能实现设备与医院信息系统互联互通，支持高精尖外科手术的全数字化复合诊疗，大幅提升手术室的管理效率，降低医疗风险。

uHOR 魔方复合手术室还搭载了联影医疗自主研发的 uNavigator 双导航手术视觉系统。基于荧光导航技术、AR 及术前影像 AI 算法，这个系统不仅能提供 4K 超高清实时临床图像，而且能高速完成病灶的三维重建，超高清、全方位地展示病灶细节，让医生可以直观地看到立体的病灶图像，大幅缩短病灶定位时间，从而实现肝脏肿瘤、胆道肿瘤、胰腺肿瘤等高难度手术的微创精准治疗，降低患者手术期间的风险。

基于在设备和技术层面的自主创新，联影医疗让多款产品进化为智能化装备。在中国国际医疗器械博览会上发布的世界首款 5.0 人体全身磁共振系统 uMR Jupiter 搭载了数智化类脑平台，在这一平台驱动下，磁共振系统逐步具备了主动思考、主动关怀、自我进化的能力，不仅可以获得更高信噪比、更高分辨率的图像，还能将以往全身各部位器官扫描时间从 10～20 分钟缩短到百秒级，提升诊断效率。智能化设备的推广普及，能有效弥补基层医疗机构经验不足、人才不足等短板，提高医疗服务水平。在湖北枝江，联影医疗的智能天眼 CT、人工智能应用、区域影像平台等数智化科技下沉到 6 家乡镇卫生院，实现了一年 3 万多例的 CT 检查量，让乡镇卫生院具备了 CT 影像检查能力，还将脑卒中、胸痛等危急重症救治能力前置到村民“家门口”[22]。

四、湖北移动联合美的“智造”新型工业化

制造业是实体经济的基础，是建设现代化产业体系的重要领域。当前，新一轮科技革命和产业变革蓬勃发展，在以 5G、算力网络为代表的新一代信

息技术加持下，传统制造业迈向“智造”。湖北移动联合美的打造全球首个家电制造领域5G全连接工厂，在荆州美的洗衣机车间内，各个生产环节通过5G无缝衔接，千余台自动化机器设备正高效运转，每15秒就有一台洗衣机下线。

依托5G分布式Massive MIMO技术持续创新，该车间实现工厂每平方千米1 Gbps以上的上行速度，支持AI质检等应用，坏件检出率提升10%；该车间应用全球首款内置可调波束的室分小基站，上行容量提升10%，助力打造全球5G终端覆盖规模最大、应用覆盖范围最广、业务结合最深的5G智能工厂。在黄石，湖北移动助力诺德锂电建设5G全连接智能制造工厂，运用5G、云计算、人工智能等技术，定制云网融合5G专网，满足工厂高精度定位、无人小车、AI机器视觉等应用场景的需求，全面提升诺德锂电铜箔产业园生产制造的可视化、数字化、智能化水平。

工业互联网标识解析体系是支撑工业万物互联互通的神经中枢，在工业互联网标识应用等领域，湖北移动助力搭建荆州市工业互联网标识解析二级节点综合应用服务平台，为企业生产的每一件工业产品颁发“数字身份证”，实现从产品生产、质检、包装等环节到消费者手中的全程跟踪，为产品质量控制和售后服务等环节提供重要的数据支撑。

近年来，为促进数字经济与实体经济的融合发展，湖北移动筑牢高质量发展数字底座，积极融入国家“东数西算”战略格局，升级算力资源布局，搭建“3＋5＋X”数据中心集群梯次布局，新建OXC＋OTN双平面全光底座，打造“同城1ms＋省内5ms＋长江经济带7ms超低时延算力服务圈”，为新型工业化注入新动能。

工业互联网是新型工业化的重要基础设施，新型工业化是形成新质生产力的主阵地。面向未来，湖北移动加快构建“连接＋算力＋能力”新型信息服务体系，携手产业链生态合作伙伴，全力推进“联创＋”，践行移动信息现代产业链共链行动。湖北移动围绕新一代移动通信、算力网络、人工智能等技术加速创新，为新质生产力提供重要支撑，赋能新兴产业和未来产业高质量发展，为湖北谱写全面建设社会主义现代化的荆楚篇章，为建成中部地区重要战略支点贡献移动智慧和力量[23]。

第七章　未来趋势和展望

第一节　数字经济与实体经济融合发展的未来趋势

数字经济与实体经济融合发展的未来趋势涉及多个方面,包括技术创新、商业模式变革、社会影响和政府政策。数字经济与实体经济融合发展的方向主要有以下几点。

一、智能化生产与工作

数字经济与实体经济融合发展将推动实体经济中生产与工作的智能化。人工智能、机器学习和自动化技术将更广泛地应用于生产流程,提高效率和灵活性。

在制造业中,人工智能、机器学习和自动化技术被广泛应用于生产流程中的各个环节。例如,生产线上的机器人可以通过机器学习算法不断优化生产过程,提高生产效率和产品质量。智能传感器和物联网技术可以实时监测生产环境和设备运行状态、预测潜在故障、提前进行维护、减少生产停机时间、提高生产效率和设备利用率。利用人工智能和大数据分析技术,企业可以对供应链进行智能化管理。通过分析历史数据和实时信息,预测市场需求和供应链变化,优化物流路线和库存管理,减少库存积压和运输成本。智能化供应链管理还可以实现定制化生产和按需生产,根据客户需求调整生产计划和供应链配置,提高供应链灵活性和响应能力。

工厂和设备的智能化是实现生产智能化的关键。通过在设备上部署传感器和智能控制系统，工厂能实现设备之间的联网和数据共享，实现设备的自动监控和调节。人工智能技术可以分析设备运行数据，识别设备故障和异常，提出故障诊断和维护建议，帮助企业实现预防性维护、降低维修成本、提高设备稳定性和可靠性。除了生产流程，人工智能、机器学习和自动化技术还可以在企业的管理和办公中发挥重要作用。例如，智能办公系统可以利用自然语言处理和机器学习技术自动处理邮件和文件，提高办公效率；智能化管理系统可以通过数据分析和模型预测，帮助企业进行决策和规划，优化资源配置和人员调度，提高管理效率和决策准确性。

人工智能、机器学习和自动化技术的广泛应用将推动实体经济中生产和工作的智能化。通过智能化生产、供应链管理、工厂设备、办公管理等方面的改造和优化，企业可以提高生产效率、降低成本、增强竞争力、适应市场变化和挑战。

二、数字孪生技术

数字孪生技术将在实体经济中得到广泛应用。通过数字孪生技术，企业可以实时监测和优化生产过程，提高生产效能和资源利用率。

数字孪生技术是指利用数字化模型来模拟、分析和优化实际物理系统的工作方式。这种技术的应用范围涵盖多个行业和领域。

(1)制造业可以利用数字孪生技术来建立工厂的数字孪生模型，实时监测生产线的运行情况，优化生产流程，减少能源消耗和废料产生，提高生产效率。

(2)研发商可以通过数字孪生技术在虚拟环境中进行产品设计和测试，减少实际试验次数和成本，缩短产品上市时间。

(3)能源公司可以利用数字孪生技术建立电力系统的数字孪生模型，监控电力网络运行状况、预测电力需求、优化能源分配、提高电网稳定性和能源利用效率。

(4)能源设备制造商可以利用数字孪生技术监测设备运行状态、预测设备故障、提前进行维护、减少停机时间和维修成本。

(5)城市交通管理部门可以利用数字孪生技术模拟交通流量,优化交通信号控制、减少交通拥堵、提高道路通行效率。

(6)航空航天公司可以利用数字孪生技术在虚拟环境中模拟飞行器的飞行性能,进行飞行模拟和训练,提高飞行安全性和飞行员技能。

(7)农场管理人员可以利用数字孪生技术监测农作物生长情况、预测病虫害发生、优化灌溉和施肥方案、提高农作物产量和质量。

(8)畜牧业管理人员可以利用数字孪生技术监测牲畜健康状况、预测疾病发生、提高畜牧业生产效率和动物福利。

(9)医疗机构可以利用数字孪生技术建立患者的数字孪生模型,帮助医生进行个性化诊断和治疗方案制定,提高医疗治疗效果和患者生存率。

通过以上例子可以看出,数字孪生技术在实体经济中的应用涉及多个行业和领域,可以帮助企业和机构提高效率、降低成本、优化资源利用,推动经济发展。

三、边缘计算和物联网融合

边缘计算和物联网的融合将加速数字经济与实体经济的连接。智能传感器和设备的广泛应用将实现更高程度的实时数据采集和分析。融合的具体作用有以下几点。

(1)边缘计算和物联网技术的融合可以实现智能工厂的建设。

在智能工厂中,各种生产设备和生产线都配备了智能传感器和设备,可以实时监测生产过程中的温度、湿度、压力、振动等参数。这些数据通过边缘计算节点处理和分析,帮助企业及时发现生产异常和优化生产流程,提高生产效率和质量。物联网技术可以实现对整个物流链的实时监控和管理。在货物、车辆和仓库安装智能传感器,物联网技术可以实现对货物运输过程中的温度、湿度、位置等信息的实时监测和追踪。边缘计算节点可以对这些数据进行快速处理和分析,帮助企业优化物流路线、提高配送效率,并及时应对突发事件和问题。

(2)在智慧城市建设中,边缘计算和物联网技术可以实现对城市各种设施和基础设施的智能监控和管理。

例如，智能交通系统可以实时监测城市交通流量，调整交通信号灯的时序，优化交通流动；智能环境监测系统可以实时监测空气质量、噪声水平等环境参数，提供环境治理的数据支持；边缘计算和物联网技术的应用也可以推动农业生产的智能化；农业传感器可以实时监测土壤湿度、温度、光照等信息，帮助农民科学管理农田，优化灌溉和施肥方案，提高农作物的产量和质量，同时，边缘计算节点可以将这些数据与气象数据等进行分析，为农民提供更准确的农业生产指导和决策支持。

边缘计算和物联网的融合将为数字经济与实体经济的连接提供强大支持，智能传感器和设备的广泛应用将实现更高程度的实时数据采集和分析，从而帮助企业和城市实现生产流程的智能化，优化生产效率和提高工作的灵活性。

四、数字化供应链

数字经济与实体经济的融合发展将推动供应链的数字化。区块链技术可用于确保供应链的透明度、可追溯性和安全性。数字化供应链的应用主要有以下几种。

(1)在食品行业，数字经济与实体经济的深度融合可以利用区块链技术实现食品安全追溯。从农场、加工厂到运输、零售等每一个生产环节都有不可篡改的记录在区块链上。消费者可以通过扫描产品包装上的二维码查看食品的生产地点、生产日期、运输轨迹等信息，确保食品安全。通过区块链技术，数字经济与实体经济的融合发展可以提高供应链的透明度。各个参与方(供应商、制造商、物流公司等)的数据都可以被记录在不同的区块链上，并通过智能合约进行验证和执行。这样，供应链的每个环节都可以被监控和追踪，从而提高了整个供应链的透明度和可信度。

(2)在制造业和创意产业中，区块链技术也可以用于保护知识产权。数字经济与实体经济的融合发展可以通过区块链技术记录创意的产生和创作者的权益，确保知识产权的安全和不可篡改性，防止知识产权侵权和盗版行为。

(3)在医药行业，数字经济与实体经济的融合发展可以利用区块链技术实现医药品的追溯。每一批药品的生产、流通、销售等信息都可以被记录在区块链上,确保药品的来源和质量可追溯,提高了药品的安全性和可信度。

(4)区块链技术也可以在供应链金融领域发挥作用。区块链技术记录供应链上的交易数据和资金流动可以降低金融风险和欺诈行为,提高供应链金融的效率和透明度。数字经济与实体经济的深度融合可以通过区块链技术为供应链金融提供更加可靠和高效的支持。

五、个性化定制和提升用户体验

数字经济的发展将促使实体经济更加关注个性化定制和提升用户体验。

(1)电子商务平台可以利用数据分析和人工智能技术,分析用户的浏览历史、购买记录、搜索行为等数据,从而为用户推荐个性化的商品和服务。例如,当用户浏览过某个品类的商品后,系统可以自动推荐相关性较高的产品,提升用户购买体验。

(2)在制造业领域,数字经济的发展可以支持企业实现定制化产品设计和生产。通过数据分析了解用户的偏好和需求,企业可以开发定制化的产品,并提供个性化的设计方案。例如,服装行业可以根据用户的身材、喜好和风格提供定制化的服装设计和制作服务。

(3)在智能家居和物联网设备领域,数字经济的发展促使企业推出更加智能化、个性化的产品。通过数据分析用户的生活习惯和行为模式,智能家居设备可以自动调整环境参数,提供更加舒适和个性化的居住体验。例如,智能家居系统可以根据用户的偏好自动调节照明、温度和音乐等设置。

(4)数字经济的发展使得企业能够更加精准地进行个性化营销和服务。通过数据分析用户的消费习惯、兴趣爱好和社交行为,企业可以设计针对性的营销活动和服务方案,提升用户的满意度和忠诚度。例如,电子邮件营销可以根据用户的购买历史和偏好发送个性化的推广信息,增加用户的购买转化率。

(5)在医疗健康领域,数字经济的发展也推动了个性化、定制化的健康管理和医疗服务。通过数据分析用户的健康数据和生活习惯,医疗机构可以制定个性化的健康管理方案和治疗方案,提高医疗服务的质量和效率。

通过数据分析和人工智能技术,企业可以更好地了解客户需求,并提供定制化的产品和服务,从而满足用户的个性化需求,提升竞争力和市场份额。

六、新型商业生态系统

数字经济与实体经济的融合发展将促使新型商业生态系统的形成。平台经济、共享经济和数字生态系统将推动产业链更为紧密的合作与创新。

(1)智能物流平台整合了供应链上下游的各个环节,利用物联网、大数据和人工智能技术实现了供应链的可视化和智能化管理。这种平台提供了全球范围的物流服务,帮助实体经济中的企业降低成本、提高效率,并促进了全球贸易和物流的发展。

(2)数字健康生态系统整合了医疗服务提供者、患者和医疗技术供应商,通过数字化技术提升了医疗服务的质量和效率。例如,健康管理平台可以帮助个人管理健康数据、预防疾病,医疗机构可以利用大数据分析和人工智能技术提供个性化诊疗方案。

(3)数字化教育平台(如Coursera、edX、智慧职教等)提供了在线教育资源,连接了学生、教师和教育机构。这些平台通过数字化技术打破了地域限制,实现了知识和教育资源的共享与传播,推动了教育产业的创新和发展。

数字经济与实体经济的融合发展将实现更高效、更便捷、更具包容性的经济增长。

七、可持续发展

数字经济与实体经济的融合发展将更加关注可持续性。

(1)数字化技术可以用于建立智能能源管理系统,监测和优化能源使用效率。通过智能传感器和数据分析,企业可以实时监测能源消耗情况,识别能源浪费的环节,并采取相应措施进行优化。例如,智能照明系统可以根据光线传感器和人体活动传感器调节灯光亮度和开关时间,节约能源消耗。

(2)数字化制造和智能制造技术可以提高生产效率、降低能源消耗和减少废物产生。通过数字化技术监控生产设备的运行状态和生产过程,企业可以优化生产计划和调整生产流程,减少能源和资源的浪费。例如,使用实时数据分析和人工智能技术,可以预测设备故障并进行预防性维护,减少因停机而导致的能源浪费。

(3)智能交通系统可以利用数字化技术优化交通流量，减少交通拥堵和排放。通过实时数据收集和分析，智能交通系统可以调整交通信号灯、优化交通流量，并提供实时交通信息给驾驶员，帮助他们避开拥堵路段。这样可以降低车辆的停滞时间和燃油消耗，减少空气污染。

(4)智慧城市建设可以利用数字化技术优化城市管理和资源利用。通过智能城市管理系统，城市可以实时监测环境污染、垃圾处理、水资源利用等情况，并及时调整管理措施。例如，智能垃圾桶可以自动压缩垃圾，减少垃圾收运次数，节约能源和减少污染。

(5)数字化技术可以优化供应链管理，降低运输成本和减少环境污染。通过智能物流系统和数据分析，企业可以优化供应链路线、减少货物滞留时间和降低运输排放。例如，利用物联网技术和实时数据分析，可以实现运输车辆的实时监控和路线优化，减少空转和能源浪费。

数字化技术的应用可以提高资源利用效率、推动绿色生产，从而促进数字经济与实体经济的可持续发展。这些技术不仅可以帮助企业降低成本和提高竞争力，还可以减少环境污染、节约能源资源，为可持续发展目标作出贡献。

八、数字化教育和技能培训

数字经济与实体经济的融合发展将推动教育和技能培训的数字化。新兴技术的广泛应用将要求劳动力具备数字化技术相关的能力。

(1)数字经济的发展推动了在线教育平台的兴起，例如，国外有Coursera、edX、Udemy、Google 学术、CSDN、GitHub 等，国内有智慧职教、我要自学网、网易公开课、大学资源网、中国大学 MOOC、学堂在线、博客园、TED 阅读、哔哩哔哩等。TED 阅读、GitHub、哔哩哔哩等专业在线教育平台能够提供各种在线课程，涵盖从编程、数据分析到人工智能等领域的知识和技能培训。学生可以通过网络随时随地学习，灵活安排学习时间，提高了教育的可及性和灵活性。随着数字化技术的进步，远程教育工具的发展使得学生可以通过网络参与实时的远程课程和讲座。教育机构可以利用视频会议、在线白板等工具进行远程教学，实现师生之间的实时互动和交流，打破地域限制，提供更加丰富的教学资源。

（2）虚拟现实技术被应用于教育和培训领域，为学生提供更加生动、直观的学习体验。例如，虚拟实验室可以让学生在虚拟环境中进行化学实验和物理实验，减少实验成本和安全风险，提高学生的实验技能和安全意识。许多企业提供在线认证和培训课程，帮助员工提升技能和职业素养。这些课程涵盖各种技术和工作技能（如软件开发、项目管理、数字营销等）。员工可以在工作之余利用空闲时间进行在线学习，提高了职业竞争力和适应新技术的能力。

（3）利用数据分析和人工智能技术，个性化学习平台可以根据学生的学习习惯、兴趣和能力，为其提供定制化的学习内容和学习路径。这种个性化学习模式可以更好地满足学生的学习需求，提高学习效率和成果。许多政府和行业组织开展了技术培训项目，致力于培养和提升劳动力的数字化技术相关能力。这些项目通常提供免费或有补贴的培训课程，帮助劳动力适应数字经济时代的就业需求，提高了整体劳动力素质和竞争力。

数字经济与实体经济的融合发展为学生和劳动力提供了更加灵活、丰富和个性化的学习机会，培养了他们数字化技术相关领域的能力和竞争力。

九、数字化治理和数据隐私

数字经济与实体经济的融合发展将引发对数字化治理和数据隐私的严格关注。政府和企业需要更加负责任地管理和保护个人数据。

随着数字经济的发展，个人数据的收集、存储和处理变得越来越普遍。因此，政府需要加强数据隐私法规的制定和实施，以保护个人数据不被滥用或泄露。例如，欧洲的通用数据保护条例（GDPR）和加利福尼亚消费者隐私法案（CCPA）就是为了加强个人数据隐私保护而制定的法规。企业在收集和处理用户数据时，需要遵守严格的数据管理规范，确保用户的隐私权不受侵犯。这包括明确告知用户数据收集目的、征得用户同意、保护数据安全等方面。企业可能需要建立内部数据保护政策，加强数据安全意识培训，以确保员工遵守数据隐私规定。

政府和企业需要加强技术和安全措施,保护个人数据免受黑客攻击和数据泄露的威胁。这可能包括加密数据传输、建立安全的数据存储系统、采用多因素身份验证等措施,以防止未经授权的访问和数据泄露。为了建立用户信任和保护数据隐私,政府和企业需要提升数据处理的透明度。这意味着要向用户清晰地说明数据收集和处理的目的,告知用户他们的数据将如何被使用,并提供用户控制自己数据的权限和选项。

政府需要加强监管机构的能力,加大对数据隐私和数字化治理的监管力度。这包括加强对违反数据隐私法规的处罚力度,对违规企业进行罚款和惩罚,以维护公民的数据隐私权益。由于数字经济的跨境性质,国际合作和标准制定也变得至关重要。各国政府和国际组织可以合作制定统一的数据隐私标准和法规,加强跨国数据交流和保护。

政府和企业应加强数据隐私法规的制定和实施、规范企业数据管理、加强技术和安全措施、提升数据处理透明度,并加强监管机构的执法力度。

第二节　数字经济与实体经济融合发展的展望

针对数字经济与实体经济的融合发展,本书提出了以下展望。

一、数字经济的全面渗透

除科技领域外,数字经济将在更多行业和领域实现全面渗透。传统行业将更深度地采用数字化技术,提高效率和创新能力。

随着信息技术的快速发展(包括人工智能、大数据、云计算、物联网等技术的成熟和普及),数字经济的基础设施得到了不断完善,为其在各个领域的应用提供了强有力的支持。全球范围内,越来越多的企业、政府和个人开始意识到数字化转型的重要性。在这种趋势的推动下,各行各业都在积极采用数字化技术,以提高效率、降低成本、优化服务,从而实现更好的发展。

随着年轻一代的成长和消费主力的转变,消费者更加习惯于使用数字化产品和服务，例如在线购物、移动支付、在线娱乐等。这种消费习惯的改变推动了数字经济的发展，也促进了数字化产品和服务的广泛普及。各国政府和相关部门纷纷制定和完善数字经济相关的政策和法律法规，以营造良好的发展环境，推动数字经济的蓬勃发展。这些政策和法律的支持为数字经济的全面渗透提供了制度保障。远程办公、在线教育、电子商务等数字化工具和服务得到了广泛应用，人们的生活和工作方式发生了根本性的改变，这进一步推动了数字经济的全面渗透。

在零售行业，传统的实体店面与数字化的电子商务平台相结合，消费者可以通过线上线下渠道进行购物，实现了更加便捷的购物体验；在金融行业，移动支付、虚拟货币等数字化金融工具的普及，改变了人们的支付习惯，同时金融科技的发展也为更多人提供了金融服务的便利；在制造业，物联网技术的应用使得生产过程更加智能化和自动化，提高了生产效率；在医疗健康领域，远程医疗、健康监测等数字化医疗服务的发展，使得患者可以更加方便地获得医疗资源和健康管理服务。

随着技术的进步、消费习惯的变化以及政策法规的支持，数字经济将在未来全面渗透到各个行业和领域，成为推动经济发展的重要力量。

二、实体经济的数字化升级

实体经济将经历数字化升级，采用更先进的技术来改造生产、管理和服务流程。数字化升级将推动实体经济更灵活、透明和可持续的发展。

1. 实体经济的数字化升级

实体经济通过数字化升级可以实现生产流程的自动化和智能化，提高生产效率，降低人力成本和资源浪费。例如，制造业可以利用物联网技术实现设备的远程监控和管理，提高生产线的稳定性和效率。通过数字化升级，实体经济可以拓展在线市场，突破地域限制，吸引更多的消费者。同时，数字化升级还可以提升企业的品牌形象和产品知名度，增强竞争力。例如，传统零售业可以通过建立电子商务平台拓展线上销售渠道，吸引更多消费者。随着消费者需求的变化和数字化生活方式的普及，实体经济需要加快数字化升级以满足消费者的需求。例如,餐饮业可以通过建立在线订餐平台提供更加便捷的订餐服务,满足消费者的个性化需求。

2. 政府部门和相关机构的支持

政府部门和相关机构对数字化升级提供了政策支持和激励措施,鼓励实体经济加快数字化转型。同时,数字化市场的潜力巨大,吸引了更多实体经济的参与。例如,政府可以提供数字化创新基金和税收优惠政策,支持企业开展数字化转型。随着信息技术的不断发展和创新,新技术的应用为实体经济提供了数字化升级的机会和可能性。例如,人工智能、大数据分析、区块链等新技术的应用可以帮助实体经济提升运营效率和服务质量。

总的来说,对实体经济进行数字化升级是适应时代发展潮流、提升企业竞争力、满足消费者需求的必然选择。随着数字化技术的不断成熟和应用范围的扩大,实体经济将会更加积极地采取数字化手段,提升自身发展水平和市场竞争力。

三、数字化创新驱动商业模式

数字经济与实体经济的融合发展将催生新的商业模式。数字化创新将成为企业竞争的重要驱动力,促使企业更好地适应市场变化和客户需求。

1. 数字化创新是现实和未来的需要

从国内形势来看,外贸红利、成本红利逐步消失,以生产要素大规模投入为代表的粗放式发展道路不可持续,已经进入新常态发展阶段。同时,5G等信息技术正在迅猛发展,为中国经济增长提供了一个良好的“窗口”。在新的发展阶段,必须全面贯彻新发展的理念,实现中国经济的高质量发展,而实体经济的高质量发展是实现中国经济高质量发展的关键。当前,实体经济发展面临着经营成本过高、核心技术缺位、供应链产业链现代化水平有待提高等诸多挑战,发展日趋困难,迫切需要进行动力变革、质量变革、效率变革,实现从投资驱动向创新驱动的转型。

2. 信息技术催生数字经济,重塑传统经济

信息技术催生了数字经济,重塑了传统经济,对经济的影响深远。数字经济作为一个全新的经济形态，对实体经济发展具有放大作用、叠加作用与倍增作用，能够对传统经济产生“创造性破坏”。数字经济与实体经济的融合发展，能够转变经济发展模式、降低交易成本、推动资源有效整合，进而转换经济发展动力，实现实体经济的高质量发展，提高实体经济的国际竞争力。

借鉴产业融合理论可以发现，实体经济与数字经济融合发展是企业决策与技术进步和市场需求共同作用的产物。实体经济与数字经济的融合发展也离不开政策、人才等要素的有力保障。人民群众对美好生活的向往产生了新服务和新产品的市场需求，也是推动实体经济与数字经济融合发展的基础动力和持久动力。优质教育资源的巨大供需矛盾促进了网络教育服务的发展；解决商品产销对接困难问题、满足个性化消费需求等需要，促进了电子商务业务的产生与蓬勃发展；基于提升资源利用效率、提高交通便捷程度等的需求，造就了共享汽车、共享单车等共享经济的兴起。

3. 技术进步突破产业边界

技术进步能够突破产业边界，为数字经济与实体经济的融合发展提供了现实可能。区块链、物联网、人工智能、5G 和大数据等数字化信息技术的突破与逐步推广，极大提升了数据采集、信息储存、信息传输与信息处理的能力与效率，确保了数据跨时间、跨空间传输的准确性与及时性，为实现产业全方位、全角度、全链条监控创造了可能，进而推动了生产组织方式与管理方式变革，催生了各种新产品、新服务、新业态。

例如，“互联网＋”技术推动着零售、教育、医疗、农业、旅游、物流等产业的发展模式、业务形态转型，由此催生了电子商务、远程网络教育、远程医疗、智慧农业、虚拟旅游、现代物流等新产品、新服务、新业态；大数据、互联网平台技术、卫星实时定位技术等的综合运用，推动了外卖业、共享经济等行业的繁荣发展。

企业经营的本质目的是盈利。实现实体经济与数字经济的融合发展对企业非常有益。在传统研发活动中，人力资本投入大、资金需求多、研发周期长，而通过运用大数据等技术，能够助力产品研发，改善商品供给质量，推动产品研发活动向数据密集型科学研发模式转变，从而显著降低研发投入、加快产品更新迭代速度、改善商品供给质量。

4. 数据赋能提高生产效率

通过数字化改造，传统产业能够创新生产组织方式，实现生产经营活动的数字化、网络化与智能化，使效率提升、推动业务创新、拓展增值空间。数字经济与实体经济的融合发展，能够为实体经济赋能，使产品进入新的生命周期，创造出全新的价值创造方式，催生出新产品、新产业、新业态。

通过打通产销，实现快速响应市场，企业能够形成核心竞争力。产销间的直接对话可以帮助企业实现对客户需求的精准把握，并借助柔性生产技术，实现定制生产；基于资金流、信息流、物流等数据的分析，企业能够实现对全业务、全流程、全链条的实时监控，提高对市场变动的灵敏度，提升决策速度与决策水平，保障产业链、供应链的安全稳定，形成企业的核心竞争力。

四、产业结构的升级与重构

数字经济与实体经济的融合发展将引发产业结构的升级和重构。新兴产业将借此崛起，而传统产业亦能通过数字化和智能化手段焕发新的活力。

1. 新兴产业的崛起

随着人工智能和机器学习技术的发展，AI 产业迅速崛起，涵盖人脸识别、自动驾驶、智能客服等各个领域。这些技术不仅革新了现有产业的生产方式和流程，还催生了全新的商业模式和产品形态。生物技术和基因编辑等生命科学领域的创新也带来了新的产业机会，例如生物医药、农业生物科技等领域。这些技术的应用可以提高生产效率、改善产品质量，满足人们对健康、环保等方面的需求。随着对可持续发展的关注不断增加，新能源和清洁技术产业得到了快速发展。太阳能、风能等可再生能源技术的广泛应用，以及电动汽车、智能电网等新技术的推广，为能源产业带来了新的增长点。

2. 传统产业的数字化和智能化升级

传统制造业通过引入工业互联网、物联网和机器人等技术，实现了生产线的智能化和自动化。智能制造技术使得制造企业能够更加灵活地响应市场需求，提高生产效率和产品质量。随着电子商务的兴起，传统零售业正在经历数字化升级。零售企业可以通过建立线上销售渠道、利用大数据分析和人工智能技术，提升用户体验、拓展销售市场、实现线上线下融合发展。金融科技的兴起改变了传统金融行业的运营模式和服务方式。通过区块链技术、人工智能算法等创新技术，金融机构可以提供更加便捷、高效的金融服务，满足人们对金融服务的个性化需求。

3. 交叉融合的产业创新

在数字经济与实体经济的融合发展的过程中，不同产业之间的交叉融合也催生了新的产业形态和商业模式。例如，物联网技术的应用可以将传统制造业与信息技术相结合，打造智能制造业；人工智能技术的应用可以使得金融业与技术产业相互融合，形成金融科技产业等。这种变革不仅带来了经济增长和就业机会，还促进了社会的可持续发展和创新能力的提升。

五、数字化治理与政府服务

政府将更广泛地采用数字化技术进行治理和提供公共服务。数字化治理将提高政府效率、透明度和服务水平。数字化治理的具体措施包括以下几个方面。

(1)电子政务平台。

政府可以建立电子政务平台，提供在线政务服务(包括身份证办理、驾驶证申请、税务申报、社保查询等)。这些服务使公民可以更方便地办理事务，避免了排队等待的麻烦，提高了政府服务的效率和便利性。

(2)数字化身份识别系统。

政府可以建立数字化身份识别系统，通过生物识别技术或数字证书等手段，确保公民的身份信息安全可靠。这样的系统可以用于安全的在线交易和通讯。

(3)开放数据平台。

政府可以建立开放数据平台，将政府数据以开放的方式发布出来，供公众和企业使用。这些数据可以涵盖经济、环境、交通等各个方面的信息，公开这些信息有助于推动科研、创新和商业发展，同时也增加了政府的透明度和公信力。政府可以利用物联网、大数据分析等技术建立智能城市管理系统，实时监测城市的交通流量、环境污染、能源消耗等情况，及时采取措施解决问题，提高城市的运行效率和居民的生活质量。

(4)电子投票系统。

政府可以建立安全可靠的电子投票系统，使公民可以通过互联网进行投票，提高选举的便利性和效率，减少选举作弊和人为错误的可能性，增强民主治理的合法性和公信力。

(5)智能公共交通系统。

政府可以引入智能化技术改造公共交通系统，包括智能交通信号灯、智能公交车、智能地铁等。这些技术可以提高交通运输效率，减少交通拥堵和排放，改善城市环境和居民出行体验。

未来，政府将更广泛地采用数字化技术提供公共服务，提高政府的服务水平和效率，增强政府与公民之间的互动和信任，推动社会的发展和进步。同时，政府也需要重视数字化技术应用过程中的信息安全、隐私保护等问题，确保公民的权益得到有效保障。

六、智慧城市发展

数字经济与实体经济的融合发展将推动智慧城市的发展。智能交通、智能能源管理和数字化城市管理将成为城市发展的重要方向。

(1)智能交通。

在智慧城市中，数字化技术可以用于优化交通系统。实时交通数据收集和分析能够帮助城市规划者更好地管理交通流量、减少交通拥堵、提高道路利用率。例如，智能交通信号灯系统可以根据交通流量实时调整信号灯的时间，以优化车辆通行效率。智能交通监控系统可以帮助城市监测交通情况，及时发现交通事故或拥堵，并采取措施进行疏导。

(2)智能能源管理。

数字化技术可以与实体经济中的能源设施结合，实现智能能源管理。智能电网可以监控能源供应和需求，根据实时数据调整能源分配，提高能源利用效率，减少能源浪费。智慧城市还可以利用可再生能源和能源存储技术，促进清洁能源的使用，降低对传统能源的依赖，减少碳排放，保护环境。数字化技术可以用于监测城市环境的各种参数，如空气质量、水质、噪音水平等。传感器网络可以实时收集环境数据，并将数据传输到中央系统进行分析和处理。当环境数据异常时，智慧城市可以及时采取措施，如调整交通流量、限制工业排放等，保护环境和居民健康。

(3)数字化城市管理。

数字化技术可以提高城市管理的效率和透明度。城市管理部门可以利用大数据分析和人工智能技术，快速识别城市问题，并制定解决方案。例如，城市管理部门可以利用智能监控摄像头识别交通违规行为或治安问题，实现智能城市巡逻和监管。数字经济与实体经济的融合发展还将推动智慧城市的公共服务能力提升。通过手机应用或网站，市民可以方便地获取城市信息、办理行政手续、参与社区活动等。智慧城市还可以通过数字化技术提供更加个性化、高效的公共服务，如智能公交、智能停车系统、智能健康服务等，提升居民生活质量。

数字经济与实体经济的融合发展为智慧城市的发展提供了丰富的可能性和机遇，通过数字技术的应用，智慧城市可以实现更高效、更便捷、更环保、更智能的发展路径。

七、全球数字经济合作

数字经济与实体经济的融合发展将促进全球数字经济合作。跨国企业将更加紧密合作，国际标准和规范将更多地涉及数字经济领域。

数字经济使得跨境电子商务成为现实。通过电子商务平台，不同国家的实体经济可以轻松地进行商品交易和提供服务。这促进了各国企业之间的合作和贸易，有助于打破地域限制，扩大市场规模。数字化贸易平台提供了一个便捷的环境，让不同国家的企业可以更加高效地进行贸易活动。这种平台通过数字化技术的支持，简化了贸易流程、降低了交易成本，促进全球数字经济合作。数字经济时代大量产生的数据成为企业和国家间合作的重要资源。通过数据共享与合作，不同国家的企业可以共享数据资源，进行市场分析、产品开发等活动，提升自身竞争力。在数字经济的背景下，越来越多的跨国数字化项目将涌现出来，涉及人工智能、大数据分析、云计算等领域。这些项目往往需要不同国家的企业和专业人才进行合作,促进全球数字经济合作的发展。

总的来说,数字经济与实体经济的融合为全球数字经济合作提供了丰富的机遇与可能性。通过加强跨境电子商务、数字化贸易平台、区块链技术应用、数据共享与合作、数字化金融服务以及跨国数字化项目合作等方面,不同国家的企业和经济体可以共同推动全球数字经济的发展,实现互利共赢的局面。

这些展望描绘了数字经济与实体经济融合发展的多个方面,强调了技术创新、经济结构调整、社会变革和全球合作的重要性。在未来,数字经济与实体经济融合发展将成为推动经济和社会进步的关键引擎。

第八章　数字化提升实体经济的策略、挑战和要素

第一节　数字化提升实体经济的策略

数字化在提升实体经济方面发挥着至关重要的作用，以下是一些数字化提升实体经济的策略。

一、自动化和效率改进

1. 机器人流程自动化

企业可以实施机器人流程自动化（以下简称 RPA）技术来自动执行重复且耗时的任务。RPA 可以被运用到以下工作中。

（1）许多财务部门中存在着大量的重复性任务，如数据输入、票据处理、账单生成等，RPA 可以用于自动处理这些任务，从而减少错误率并提高效率。一个机器人可以自动读取电子邮件中的发票信息，将其输入到财务系统中，并生成相应的支付单据。

（2）客户服务部门通常需要处理大量的重复性查询、请求和投诉，RPA 可以帮助自动化这些过程，例如通过自动回复电子邮件或聊天机器人来解决常见问题，或者自动创建客户支持工单并将其分配给合适的团队成员。

（3）人力资源部门经常需要处理大量的招聘流程、员工信息更新、薪资处

理等任务，RPA 可以用于自动执行这些任务，例如通过自动筛选简历来匹配职位要求，或者自动生成和发送薪资单。

（4）许多组织需要从不同的来源中收集、整合数据。RPA 可以用于自动化这些过程，例如从电子表格、数据库或网页中提取数据，并将其转换成需要的格式，然后录入到目标系统中。在制造业中，一些重复性的生产任务可以通过 RPA 来自动化执行，例如装配线上的部件检验、包装和标记。

通过使用 RPA，组织可以显著减少人力资源的投入，提高工作效率和准确性，从而使员工能够将更多的时间和精力投入到更有价值的工作上。

2. 数字化工具

（1）使用项目管理工具（如 Project、Trello、Asana 或 Jira）可以帮助团队更好地组织和跟踪任务。通过这些工具，团队成员可以轻松地查看任务分配情况、设置截止日期、共享文件和交流评论，从而减少沟通障碍和提高团队协作效率。

（2）使用协作平台（如 Slack、Microsoft Teams、Zoom 或钉钉）可以简化团队之间的沟通和协作。这些工具提供实时聊天、视频会议、文件共享和协作编辑等功能，使团队成员可以更快速地交流想法、解决问题和做出决策，从而减少时间浪费和误解。

（3）使用电子表格（如 Microsoft Excel 或 Google Sheets）和数据库软件（如 Microsoft Access 或 MySQL）可以简化数据管理和分析。这些工具提供强大的数据处理功能，使用户可以轻松地录入、存储、整理和分析数据，从而减少手工操作和减少错误。

（4）使用自动化工具（如 IFTTT、Zapier 或 Microsoft Power Automate）可以简化日常任务并自动化工作流程。这些工具允许用户设置触发器和操作，当满足特定条件时，自动执行相应的任务，从而减少重复性工作和人为错误。

（5）使用虚拟助手（如 Siri、Google Assistant 或 Amazon Alexa）和人工智能软件（如 ChatGPT）可以简化用户操作和自动执行任务。这些工具可以根据用户的指令执行各种任务，如发送消息、设置提醒、搜索信息等，从而节省用户的时间和精力。

通过使用这些数字化工具，个人和组织可以更有效地管理任务、协作团队、处理数据和自动化工作流程，从而提高工作效率并减少瓶颈。

3. 数字化解决方案

数字化解决方案可实现更好的库存、供应链和资源规划，从而节省成本并提高生产力。

（1）通过使用实时库存管理系统，企业可以更准确地跟踪库存水平和需求变化，从而避免库存过剩或不足的情况。这种系统可以帮助企业准确预测需求，优化库存水平，并及时采取补货或调整库存策略，从而降低库存成本并提高资金利用率。

（2）供应链可视化平台可以帮助企业实时监控供应链中的各个环节，包括原材料采购、生产、物流和配送等。通过这种平台，企业可以更好地理解供应链中的瓶颈和风险，及时调整供应链策略并做出相应的决策，从而提高供应链的效率和可靠性。

（3）利用智能预测和规划工具，企业可以更准确地预测需求、优化生产计划和资源分配。这些工具可以基于历史数据、市场趋势和需求信号进行预测，帮助企业调整生产计划、库存水平和供应链策略，从而降低生产成本并提高生产力。

（4）供应链协同平台可以帮助企业与供应商、合作伙伴和客户实现更紧密的合作和沟通。通过这种平台，企业可以与供应链伙伴实时分享信息、协调计划和处理问题，从而减少延误和错误，并提高供应链的灵活性和响应能力。

（5）利用物联网和大数据分析技术，企业可以实时监测设备运行状态、产品质量和供应链活动，从而及时发现问题并采取相应的措施。这种技术可以帮助企业预防故障、优化生产过程，并提高资源利用率和生产效率。

通过利用这些数字化解决方案，企业可以更好地管理库存、优化供应链和规划资源，从而降低成本并提高生产力。

二、数据分析和商业智能

1. 分析客户行为、市场趋势和运营绩效

企业可以利用大数据分析来深入了解客户行为、市场趋势和运营绩效。

(1)通过分析大数据,企业可以深入了解客户的购买历史、偏好、行为模式和互动方式。例如,一家电子商务公司可以分析客户在网站上的浏览和购买行为,了解他们对不同产品的兴趣和偏好,从而优化产品推荐和营销策略,提高销售转化率和客户满意度。

(2)通过监测和分析市场数据,企业可以及时发现市场趋势和竞争动态。例如,一家零售公司可以分析销售数据和市场调研报告,了解不同产品类别的销售趋势、价格变化和竞争对手的活动,从而调整采购计划和销售策略,保持竞争优势。

(3)通过分析大数据,企业可以评估和优化运营绩效,提高效率和盈利能力。例如,一家制造业企业可以分析生产数据和供应链数据,了解生产效率、物流成本和库存水平,从而优化生产计划、降低成本和提高产品质量。

(4)通过利用大数据和机器学习算法,企业可以进行预测分析,预测未来的市场需求、客户行为和运营状况。例如,一家保险公司可以分析历史理赔数据和客户资料,预测不同客户的风险水平和理赔概率,从而制定个性化的保险产品和定价策略。

(5)通过分析客户反馈和社交媒体数据,企业可以了解客户的意见、偏好和情绪。例如,一家餐饮连锁企业可以分析客户在社交媒体上的评论和评价,了解他们对菜品口味、服务质量和环境舒适度的评价,从而改进菜单设计、培训员工和提升店面氛围。

利用大数据分析,企业可以优化业务运营、提高竞争力,并实现持续增长。

2. 预测未来趋势和消费者需求

使用机器学习算法和人工智能技术可以预测未来趋势和消费者需求,帮助企业做出更好的决策。

(1)通过分析历史销售数据和市场趋势,利用机器学习算法可以预测未来产品销售量和需求趋势。这种预测可以帮助企业调整生产计划、库存管理和营销策略,以满足未来的市场需求并最大限度地减少库存过剩或不足的情况。

(2)利用机器学习算法可以分析客户的购买历史、浏览行为和偏好,从而预测他们的未来购买意向和偏好。这种个性化推荐可以帮助企业向客户推荐合适的产品和服务,提高销售转化率和客户满意度。

(3)通过分析市场调研数据、社交媒体数据和其他相关数据,利用机器学习算法可以预测未来市场需求和消费者行为。这种预测可以帮助企业制定产品开发和营销策略,以满足未来的市场需求并抢占市场先机。

(4)利用机器学习算法可以分析历史数据和市场情况,预测未来的风险和机会。这种风险预测可以帮助企业制定风险管理策略和投资决策,以降低风险并最大程度地抓住机会。

(5)通过分析市场趋势、竞争对手和消费者反馈,利用机器学习算法可以预测未来的产品需求和趋势。这种预测可以帮助企业进行产品创新和研发,推出符合市场需求的新产品,并保持竞争优势。

通过利用机器学习算法和人工智能技术,企业可以更准确地预测未来趋势和消费者需求,从而帮助他们做出更好的决策,并在竞争激烈的市场中保持领先地位。

3. 使用物联网和其他数字化工具进行实时监控和反馈

使用物联网和其他数字化工具进行实时监控和反馈,能够及时发现问题并迅速采取行动和进行调整。

(1)在制造业中,通过物联网传感器和数字化监控工具,企业可以实时监测生产线的运行状态、设备健康状况和生产效率。如果某个设备出现故障或生产线出现异常,系统可以立即发出警报,并自动通知维护人员前来修复,以最大限度地减少生产中断所带来的损失。

(2)在物流领域,通过物联网传感器和数字化跟踪工具,企业可以实时监控货物的位置、运输状态和环境条件。如果货物出现延迟或异常,系统可以立即发出警报,并自动调整路线或采取其他措施以确保货物按时到达目的地,提高物流效率和客户满意度。

(3)在房地产和建筑领域,通过物联网传感器和数字建筑管理系统,企业可以实时监控建筑设施的能耗、环境条件和设备运行状态。如果某个区域的能耗超过预期或设备出现故障,系统可以立即发出警报,并自动调整设备运行模式或采取其他措施以节约能源和降低成本。

(4)在农业领域,通过物联网传感器和数字化农业管理系统,企业可以实时监测农田的土壤湿度、气温、光照等环境参数,以及作物生长状态和病虫害情况。如果某个地区的土壤干旱或作物受到病虫害侵袭,系统可以立即发出警报,并自动启动灌溉系统或喷洒农药,以最大限度地保护作物和提高农业产量。

通过使用物联网和其他数字化工具进行实时监控和反馈,企业可以及时发现问题并采取行动,从而提高生产效率、降低成本和提升客户满意度。

三、劳动力转型

1.投资培训计划

企业应投资培训计划,以提高员工的数字技能,为他们使用新技术和数字化工具做好准备。企业可以组织培训课程,教授员工如何使用特定的数字化工具和软件。例如,针对办公软件(如 WPS、Microsoft Office 或 Google Workspace)、项目管理工具(如 Project、Trello 或 Asana)、数据分析工具(如 Python、Power BI、Tableau)等,提供基础和高级培训,以帮助员工熟练掌握这些工具的使用技巧。随着数据在企业中的重要性不断增加,数据分析和可视化技能变得至关重要。企业可以提供相关技能培训,教授员工如何收集、整理、分析和可视化数据,以帮助他们做出更明智的决策和发现业务机会。对于需要深入了解技术的员工,企业可以提供编程和软件开发培训。

这些培训课程可以涵盖编程语言(如 Python、Java 或 JavaScript)、软件开发工具(如 Git 或 Docker)、Web 开发框架(如 React 或 Angular)等,以帮助员工掌握技术技能并参与到数字化项目中。随着人工智能和机器学习技术的发展,企业可以提供人工智能和机器学习培训,教授员工如何应用这些技术解决业务问题和优化业务流程。这些培训课程可以涵盖机器学习算法、数据挖掘技术、自然语言处理等方面的知识。

随着数字化的普及,网络安全变得越来越重要。企业应该提供网络安全培训,教授员工如何识别和防范网络攻击、保护个人信息和企业数据安全,以确保数字化工具和技术的安全使用。

通过培训提高员工的数字技能,企业可以确保他们能够适应数字化工作环境的变化,并充分利用新技术和数字化工具提高工作效率和创造力。

2. 做好远程工作准备

企业应提供支持远程工作所需的工具和基础设施,提高灵活性和生产力。

(1)企业应提供远程协作平台(如 Microsoft Teams、Slack 或 Zoom),以便员工能够轻松进行远程沟通、协作和会议。这些平台能够提供实时聊天、视频会议、屏幕共享等功能,有助于促进团队协作。通过提供云存储服务(如腾讯云、阿里云、百度云、WPS 云平台、Google Drive、Dropbox 或 Microsoft OneDrive 等),员工能够方便地存储、共享和协作编辑文档、表格和演示文稿,确保团队成员可以随时访问最新版本的文件,并轻松地共享和合作。

(2)企业应为员工提供远程访问工具(如 VPN(虚拟专用网络)或远程桌面),使他们能够安全地访问公司内部系统和资源。这样可以确保员工能够远程工作时保持与公司网络的连接,并访问必要的文件和应用程序。

(3)企业应建立远程技术支持团队,为员工提供远程技术支持和培训。这样可以帮助员工解决远程工作中遇到的技术问题,并提供使用远程工具和应用程序的培训和指导。

(4)企业应制定明确的远程工作政策和指南,以帮助员工了解远程工作的期望、责任和权利,帮助员工更好地管理时间、保持工作效率,并确保远程工作与公司的目标和价值观保持一致。

通过提供支持远程工作所需的工具和基础设施,企业可以帮助员工更好地适应远程工作的环境,提高灵活性和生产力,并确保业务能够持续运营。

3. 实施数字协作平台

企业应实施数字协作平台(例如 Worktile、钉钉、飞书、Slack、Zoom 和

Microsoft Teams 等)以改善沟通和团队合作。

(1)通过数字协作平台，团队成员可以实时发送消息，使得团队能够更快速地交流想法、讨论问题，并做出及时的决策。数字协作平台通常支持频道和话题组织，使团队能够将讨论内容按照不同的主题或项目进行组织。团队成员可以更轻松地找到他们感兴趣的话题，并参与相关的讨论。

(2)数字协作平台通常与文件共享和协作编辑工具集成，团队成员能够轻松地共享文件、编辑文档，并实时协作。这种功能有助于提高团队的生产力和效率，减少版本混乱和沟通错误。

(3)数字协作平台通常支持与第三方应用程序的集成，团队能够在同一个平台上访问多种工具和服务，从而更轻松地访问他们所需要的信息和工具，提高工作效率。

(4)数字协作平台通常内置了远程会议和视频通话功能，使团队能够随时随地进行面对面的沟通和协作，这种功能有助于促进团队之间的交流和合作(尤其是当团队成员分布在不同的地理位置时)。

通过实施数字协作平台，团队可以更加高效地沟通、协作和共享资源，从而提高团队的生产力和创造力，加速项目的进展并提高工作质量。

四、增强客户体验

1. 利用 VR 和 AR 实现沉浸式客户体验

企业可以利用 VR 和 AR 实现沉浸式客户体验，具体运用实例如下。

(1)房地产开发商可以利用 VR 技术创建虚拟房屋，让客户可以在虚拟环境中浏览房屋内部和周围环境，甚至可以进行虚拟装修和布置。这种沉浸式体验可以帮助客户更好地了解房屋的布局、空间和环境，从而更容易做出购房决策。

(2)旅游公司可以利用 AR 技术创建增强现实导游应用程序，让游客可以通过手机或智能眼镜在现实环境中看到虚拟的导游和信息。这种沉浸式体验可以帮助游客更深入地了解旅游目的地的历史、文化和景点，增强他们的旅游体验。

(3)汽车制造商可以利用 VR 技术创建虚拟汽车展厅,让客户可以在虚拟环境中查看不同车型的内部和外观,并进行虚拟试驾。这种沉浸式体验可以帮助客户更好地了解汽车的特点和性能,从而更容易做出购车决策。

(4)零售商可以利用 AR 技术创建增强现实购物应用程序,让顾客可以通过手机或智能眼镜在现实环境中看到虚拟的产品和促销信息。这种沉浸式体验可以帮助顾客更方便地浏览和购买产品,增强他们的购物体验。

(5)教育机构可以利用 VR 技术创建虚拟教室和实验室,让学生可以在虚拟环境中进行实验和学习。这种沉浸式体验可以帮助学生更好地理解抽象概念,提高他们的学习效果。

通过 VR 和 AR 技术企业可以吸引更多客户,提高品牌知名度和客户满意度,从而促进销售增长和业务发展。

2. 配置客户服务支持智能机器人

企业可以配置客户服务支持智能机器人,提供即时客户支持并提高服务效率。

(1)在线零售商可以在其网站或应用程序上配置这种机器人,以帮助顾客浏览产品、解答常见问题、查询订单状态等。这种机器人可以通过自然语言处理和机器学习算法,理解顾客的问题并给予及时的回复,从而提高客户满意度和购物体验。

(2)银行和金融机构可以在其网站或手机应用上部署虚拟助手,帮助客户查询账户余额、转账、理财建议等。这种虚拟助手可以通过人工智能和自然语言处理技术,与客户进行实时对话,并根据客户的需求提供个性化的服务,从而提高客户满意度和服务效率。

(3)航空公司可以在其网站或移动应用上部署客户服务机器人,帮助顾客查询航班信息、预订机票、办理登机手续等。这种客户服务机器人可以通过机器学习和自然语言处理技术,自动回答顾客的问题,并提供实时的航班信息和服务支持,从而提高客户满意度和服务效率。

(4)医疗保健机构可以在其网站或移动应用上配置健康咨询机器人,帮助患者查询症状、预约挂号、获取药品信息等。这种健康咨询机器人可以通过自然语言处理和医学知识库,向患者提供准确的健康建议和医疗指导,从而提高患者的医疗体验和服务效率。

(5)酒店可以在其网站或预订平台上部署客房预订机器人,帮助客户查询房间空余情况、预订客房、查询入住政策等。这种客房预订机器人可以通过自然语言处理和机器学习算法,与客户进行实时对话,并帮助客户快速完成预订流程,提高预订转化率和服务效率。

通过配置客户服务支持智能机器人,企业可以提供即时的客户支持和个性化的服务,提高客户满意度、降低人力成本,并提高服务效率。

五、合作伙伴关系和生态系统

1.数字生态系统

建立或加入数字生态系统能够让多个利益相关者(如供应商、客户、合作伙伴)互动并创造价值。

(1)城市规划和运营公司可以建立一个数字生态系统,将城市的各个部门、公共服务提供商、技术供应商以及居民和企业纳入其中。通过这个数字生态系统,城市各部门可以共享数据和资源,协同解决城市管理和服务提供中的各种问题,提升城市的智慧化水平,改善居民生活质量。

(2)物流公司可以建立一个数字生态系统,将供应商、客户、运输公司、仓储服务提供商等各方纳入其中。通过这个数字生态系统,各方可以实时共享物流信息、优化供应链管理、提高货物运输效率,降低物流成本、共同创造价值。

(3)医疗健康科技公司可以建立一个数字生态系统,将医院、诊所、医生、患者、医疗设备供应商、保险公司等各方连接起来。通过这个数字生态系统,医疗机构可以实现医疗信息共享、病例协同诊断、远程医疗服务等,提高医疗资源利用效率,优化医疗服务流程,改善患者就医体验。

(4)金融科技公司可以建立一个数字金融生态系统,将银行、支付机构、投资机构、企业和个人用户等各方连接起来。通过这个数字生态系统,各方可以实现跨境支付、智能投资、数字货币交易等金融服务,促进金融市场的发展，提高金融服务的便利性和效率。

(5)电子商务平台可以建立一个数字生态系统，将品牌商、供应商、代理商、消费者等各方连接起来。通过这个数字生态系统，各方可以共享商品信息、销售数据、营销资源等，实现精准营销、个性化推荐、快速配送等服务，提升购物体验和销售效率。

综上所述，通过建立或加入数字生态系统，企业可以与各方共同协作，共享资源和信息，创造更多的价值，实现业务的持续增长和发展。

2. 数字化转型

企业应与科技公司合作，利用其专业知识和工具进行数字化转型。

(1)企业应与数据分析专家合作，利用他们的专业知识和工具，帮助企业分析海量数据，发现隐藏的模式和趋势，从而为业务决策提供更准确的支持。

(2)企业应与人工智能公司合作，利用这些公司的专业知识和算法，开发智能化的解决方案(例如智能客服机器人、预测性分析工具等)，以提高业务效率和客户体验。

(3)企业应与云计算服务提供商合作，利用提供商的云基础设施和大数据处理技术，实现数据存储、处理和分析的弹性扩展，为企业提供高效的数据管理和分析解决方案。

(4)企业应与物联网公司合作，利用这些公司的专业知识和技术，部署物联网设备和传感器，实现设备之间的互联互通，从而实现智能化的生产、物流和供应链管理。

(5)企业应与软件开发公司合作，利用这些公司的开发团队和工具，定制开发企业所需的应用程序和软件解决方案，满足特定业务需求。

综上所述，通过与科技公司合作，企业可以充分利用这些公司的专业知识和技术资源，加速数字化转型的进程，降低技术风险和成本，并提高业务的创新能力和竞争力。

3. 开放式创新实践

企业应与外部合作伙伴、初创企业和技术社区共同创造开放式创新实践。企业与外部合作伙伴、初创企业和技术社区合作，可以为企业带来新的想法、技术和方法。这些合作伙伴通常具有灵活性和创新性，可以加速创新的速度，帮助企业更快地推出新产品和服务。通过合作，企业可以获得外部专业知识和技术能力，共享资源和知识，避免重复投资，并加速产品开发和上市时间。合作伙伴可以共享风险和成本，减轻企业单独承担创新的压力，提高项目的成功率。合作伙伴通常具有自己的客户和渠道，可以帮助企业更快地进入新的市场和获得更多的客户。通过合作，企业可以与其他组织和个人建立关系，共同推动行业的发展和创新，建立长期可持续的合作关系，促进生态系统的发展。

综上所述，企业通过与外部合作伙伴、初创企业和技术社区共同创造开放式创新实践，企业可以更好地应对市场变化和竞争挑战，提高创新能力和市场竞争力，实现持续增长和发展。

通过实施以上这些策略，实体经济可以显著提高其经济效益，适应不断变化的市场条件，并在数字化时代获得竞争优势。

第二节　数字化提升实体经济面临的挑战

一、数字鸿沟

数字鸿沟是指在数字化进程中，不同群体之间、不同地区之间，甚至不同国家之间出现的数字化能力、数字化技术应用和数字资源获取方面的差异。这种差异可能导致一些群体无法充分享受数字化带来的便利和好处，从而加剧社会和经济不平等。数字鸿沟的存在对社会和经济发展造成了一定的阻碍，加剧了社会的不平等现象。

因此，政府、企业和社会组织需要采取积极的措施，促进数字化包容性和普及性，确保每个人都能够平等地享受到数字化带来的好处。这些措施具体包括加强基础设施建设、提升数字技术教育、推动数字化服务普及等。

二、网络安全风险

网络安全风险是指在网络环境中，存在着各种可能对信息系统、数据和网络基础设施造成威胁和损害的因素。这些风险可能导致信息泄露、数据丢失、系统瘫痪等恶性事件，给个人、组织和社会带来不利影响。个人、组织和社会对数字系统的依赖增加了网络攻击和数据泄露的风险，因此需要采取强有力的网络安全措施。确保遵守数据保护法规至关重要。

要应对网络安全风险，个人、组织和社会需要采取综合的网络安全措施，包括加强网络安全意识教育、建立安全的网络架构、采用安全的软硬件技术、定期更新和维护系统、建立紧急响应机制等。

三、初始投资成本

实施数字化技术的初始投资成本因所采用的技术、规模和复杂性而有所不同，初始投资成本主要包括软件和硬件购置费用、定制开发费用、培训成本、数据迁移和集成成本、安全和合规成本、项目管理和咨询费用、支持和维护费用等。实施数字化技术的初始成本可能很高，这对某些实体企业，尤其是中小型企业构成障碍。这些企业实现投资回报可能需要时间，因此实体企业需要谨慎管理财务预期和资源。

四、组织变革成本

数字化转型的组织变革成本是指实施数字化转型所需的资金投入。这些投入将用于组织内部结构、文化、流程和人员方面的变革。这些成本是实现数字化转型目标的重要组成部分，需要在投资决策中进行综合考虑和评估。这些成本可能涵盖以下方面：人员培训和教育成本、人力资源管理成本、组织结构调整成本、文化转变成本、技术和系统集成成本、变革管理和项目管理成本等。数字化转型通常需要对组织文化和管理流程进行重大变革，这可能会遭到员工的抵制。有效的变革管理策略对于确保企业平稳过渡和维持员工认同至关重要。

五、道德和隐私问题

数字化转型涉及大量的数据收集、处理和利用,因此会引发一系列的道德和隐私问题。以下是一些常见的问题:个人隐私保护、数据安全风险、算法偏倚和歧视、数字鸿沟加剧、个人权利保护、信息透明和知情权、社会影响和伦理问题;收集和使用大量数据可能引发道德问题;人工智能和自动化的兴起可能导致工作流失,引发人们对未来工作和社会安全的担忧。

数字化转型涉及一系列的道德和隐私问题,需要企业、政府和社会各界共同努力,制定合适的政策和法规、保障个人权利和社会公正、促进数字化转型的可持续发展。

第三节　数字化提升实体经济的成功要素

一、清晰的愿景和强有力的领导

数字化转型是一项复杂且全面的变革,要求组织具备清晰的愿景和强有力的领导。这两个因素是确保企业数字化转型成功的关键。成功的数字化转型企业需要清晰的愿景和强有力的领导来推动计划并克服挑战,同时制定具有明确目标、时间表和指标的全面数字战略对于指导工作和衡量进展至关重要。

1. 清晰的愿景

企业需要确定数字化转型的具体业务目标(如提高效率、提升客户体验、增加收入等),明确需要采用的新技术(如云计算、大数据、人工智能等),以及这些技术如何与业务目标相结合。通过清晰的沟通,所有员工应了解并认同数字化转型的愿景和目标,确保整个组织朝着同一个方向努力。企业应创建一个详细的实施路线图，包括关键里程碑、时间表和责任人，以指导转型过程，并定义衡量数字化转型成功的关键绩效指标，定期评估进展，确保转型过程保持在正确轨道上。根据评估结果，持续改进和调整数字化转型策略，以应对新挑战和抓住新机会。

2. 强有力的领导

数字化转型需要管理者的全力支持和积极参与，确保资源分配和决策的快速高效。

(1)管理者应以身作则，积极拥抱数字化变革，成为组织内的榜样，激励员工共同参与转型。

(2)管理者应在公司中培养一种开放和创新的企业文化，鼓励员工接受新技术和新方法，积极参与变革过程。

(3)管理者应通过培训、激励机制和沟通渠道确保员工在数字化转型过程中感受到自己的价值和贡献。

(4)管理者应建立跨部门协作机制，确保各部门在数字化转型过程中紧密合作，避免造成信息孤岛和资源浪费。

(5)管理者应整合全公司的资源和能力，最大限度地发挥数字化转型的效益。

(6)管理者应识别和评估数字化转型过程中可能面临的风险，包括技术风险、市场风险和运营风险。领导层应为识别的风险制定应对策略和应急计划，确保公司在遇到挑战时能够迅速反应和调整。

清晰的愿景和强有力的领导是数字化转型成功的基石。通过明确目标、统一方向、衡量成功、领导层承诺、变革管理、跨部门协作和风险管理，组织可以有效地推进数字化转型、提升竞争力、实现可持续发展。

二、分阶段实施

分阶段实施数字化转型可使实体企业逐步变更管理，最大限度地促进企业适应转型。从试点项目开始转型可以帮助企业测试新技术、收集见解并在大规模推广之前完善转型策略。数字化转型是一项复杂的系统工程，分阶段实施可以降低风险、确保成功率。分阶段实施意味着企业在进行数字化转型时，采取的是循序渐进的方式，而不是一次性全面推行。

1. 分阶段实施具体步骤

(1)初始阶段：规划和准备。

在此阶段，企业应对当前的业务流程、技术架构和人员技能进行全面评估，确定数字化转型的起点。企业应明确数字化转型的目标、愿景和策略，制定详细的实施路线图和时间表。企业应确保有足够的资源(包括资金、人员和技术支持)以支持数字化转型的启动。

(2)试点阶段：小规模实验。

在此阶段，企业应选择一个或多个低风险、高收益的试点项目，进行小规模的数字化转型实验。企业应在试点项目中测试新的技术和流程，验证其可行性和有效性，并收集反馈意见。企业应根据试点项目的结果，对技术和流程进行调整和优化，为大规模推广做好准备。

(3)扩展阶段：逐步推广。

在此阶段，企业应将成功的试点项目逐步推广到其他业务部门或业务流程，确保每一步的实施都稳妥有效。企业应在推广过程中，持续监控实施效果，评估效益，及时发现并解决问题。

(4)全面实施阶段：全企业推广。

在此阶段，企业应在前期成功经验的基础上，全面推广数字化转型，覆盖所有业务部门和流程。企业应建立持续改进机制，不断优化和升级数字化技术和流程，保持数字化转型的动态发展。

2. 关键要素

(1)管理者支持。

管理者的支持和参与是数字化转型成功的关键，管理者应确保决策迅速、资源充足。管理者应通过有效的沟通机制，使全体员工理解和支持数字化转型的目标和步骤。

(2)员工培训。

企业应提供必要的培训，提升员工的数字化技能，使其能够适应新的技术和流程。企业应通过变革管理策略，帮助员工接受和适应数字化转型带来的变化。

(3)技术选择。

企业应根据具体需求,选择合适的数字化技术,避免盲目追求新技术而导致浪费。企业应选择灵活且可扩展的技术方案,确保其能够适应未来的发展需求。

(4)数据驱动决策。

企业应建立完善的数据收集机制,确保决策有可靠的数据支持。企业应利用数据分析工具,对业务数据进行深入分析,支持科学决策和优化改进。

3. 案例分析

某零售公司在一个区域门店进行试点,实施智能库存管理系统和客户关系管理系统。试点成功后,这些系统被逐步推广至其他门店,最终实现全公司范围内的数字化转型。

某制造公司在一个生产车间实施物联网(the internet of things,简称IoT)技术,实现了设备互联和数据监控。试点成功后,这些技术被逐步推广至其他车间和生产线,最终实现智能制造。

综上所述,企业通过分阶段实施数字化转型,可以降低风险,提高成功率。分阶段实施数字化转型的关键在于明确目标、稳步推进、持续优化,最终实现全面的数字化转型,提升企业的竞争力和创新能力。

三、员工参与和员工培训

投资培训和发展计划可确保员工具备必要的数字技能和知识。培养数字创新的包容性文化可鼓励员工参与数字化转型和激发他们的创造力。数字化转型的成功不仅依赖于技术的引入,还依赖于员工积极参与企业的全面培训。

1. 员工参与

(1)培养变革文化。

管理者应以身作则,积极参与并支持数字化转型,树立榜样,激励员工跟随。保持透明的沟通,清晰传达数字化转型的目标、步骤和预期结果,消除员工的疑虑和抵触情绪。管理者应建立反馈机制，鼓励员工提出意见和建议，使他们感受到参与感和归属感。

(2)设立变革代理。

企业应选择具有影响力和积极态度的员工作为变革代理，帮助企业推动数字化转型。企业应赋予变革代理明确的责任和权力，使其能够有效地推动和支持转型工作。

(3)鼓励跨部门协作。

企业应通过项目团队和跨部门工作组，促进不同部门之间的合作和知识共享，增强整体协同效应。企业应定期分享成功案例和经验，激励其他员工积极参与转型过程。

2. 员工培训

(1)技能提升。

企业应提供新技术和工具的专业培训（如数据分析、云计算、人工智能等），使员工掌握必要的技术技能。企业应提供变革管理、项目管理、团队合作等方面的培训，提升员工的综合素质。

(2)持续学习和发展。

企业应建立或利用在线教育平台，提供灵活的学习资源和课程，方便员工随时学习和提升技能。企业应鼓励员工持续学习和自我提升，建立学习型组织文化。

(3)个性化培训方案。

企业应根据不同岗位和员工的具体需求，制定个性化的培训方案，确保培训内容的针对性和实效性。通过定期评估和反馈，跟踪培训效果，及时调整培训方案，提高培训的有效性。

3. 案例分析

某零售公司在实施新的客户关系管理系统（customer relationship management，CRM）前，对全体销售和客服人员进行了全面的培训，确保每个人都能熟练使用新系统。在实施过程中，公司成立了由各部门员工组成的项目团队，积极参与系统的选型、测试和优化，确保系统满足实际需求。

某制造公司在实施物联网技术时，为全体技术人员和操作工人提供了深入的技术培训，使他们掌握设备互联和数据监控的技能。该公司通过定期的员工大会和培训课程，持续传达数字化转型的愿景和重要性，培养了全员的变革意识和参与积极性。

综上所述，员工参与和员工培训是数字化转型成功的关键。通过培养变革文化、设立变革代理、鼓励跨部门协作，以及提供员工培训，企业可以确保员工积极参与并有效应对数字化转型带来的挑战，从而实现全面的转型目标。

四、以客户为中心

数字化转型成功的关键在于以客户为中心。以客户为中心的数字化转型可以提升客户体验，增加客户满意度和忠诚度，从而带来业务增长。

1. 以客户为中心的作用

(1)提升客户体验。

企业可以通过数据分析了解客户的需求和偏好，提供个性化的产品和服务，从而提升客户体验。利用数字化技术，如聊天机器人和自动化系统，能够快速响应客户的需求和问题，提高服务效率。

(2)增加客户满意度和忠诚度。

企业可以通过多渠道(如社交媒体、移动应用、电子邮件)与客户保持持续互动，增强客户关系。企业可以及时收集和分析客户反馈，持续改进产品和服务，从而满足客户不断变化的需求。

(3)驱动业务增长。

企业可以通过大数据和人工智能技术深入了解客户行为和市场趋势，发现新的商业机会。基于客户数据进行精准营销能够提高营销效果和转化率，推动销售增长。

2. 以客户为中心的数字化转型方法

(1)客户数据管理。

企业应从多个渠道(如网站、社交媒体、CRM 系统)收集客户数据，构建全面的客户画像。企业可以利用大数据分析和人工智能技术，挖掘客户数据中的潜在价值，识别客户需求和市场趋势。

(2)客户体验优化。

企业应绘制客户旅程地图，识别客户在各个接触点的体验，发现改进机会。企业应提供无缝的全渠道体验，确保客户在不同渠道(线上和线下)之间的顺畅转换。

(3)个性化服务和产品。

企业应利用机器学习算法，基于客户历史行为和偏好，提供定制化的产品和服务推荐。企业应根据市场需求和客户行为，实施动态定价策略，最大化客户价值和企业收益。

(4)客户反馈机制。

企业可以通过在线调查、社交媒体互动等方式，实时收集客户反馈，快速响应客户需求。企业应建立闭环反馈机制，确保客户反馈能够及时传达到相关部门并进行改进。

(5)员工培训和文化转变。

企业应培养以客户为中心的企业文化，使每位员工都理解并践行客户至上的理念。企业应提供培训，使员工掌握数字化工具和数据分析技能，提高他们在客户服务中的专业水平。

3. 案例分析

某大型零售公司通过大数据分析，了解了客户购物习惯和偏好，实施了个性化营销活动，提高了客户满意度和销售额。该公司通过整合线上和线下渠道，提供了一致的购物体验，客户可以在线购买并选择店内取货，提升了购物便利性。

某银行引入人工智能客服系统，该系统能够快速处理客户咨询和服务请求，缩短了客户等待时间，提高了客户满意度。该公司通过分析客户的财务数据和风险偏好，给客户提供了个性化的理财建议和产品，提升了客户的投资体验和收益。

综上所述，数字化转型需要以客户为中心，才能真正实现业务增长和竞争优势。通过客户数据管理、客户体验优化、个性化服务、客户反馈机制以及员工培训和文化转变，企业可以提升客户满意度和忠诚度，驱动业务增长。以客户为中心的数字化转型不仅能够满足客户的需求，还能为企业带来长期的可持续发展。

五、伙伴关系和协作

企业应与技术提供商、初创公司和其他利益相关者建立伙伴关系，共创协作生态系统。数字化转型不仅仅是技术的引入，它还涉及与技术提供商、初创公司以及其他利益相关者建立伙伴关系，共同打造协作生态系统。这样的生态系统能够推动创新、优化资源利用，并提升整体竞争力。

1. 建立伙伴关系和协作生态系统的原因

（1）获取最新技术和创新能力。

企业与技术提供商合作，可以获取最新的技术和解决方案（例如云计算、大数据分析、人工智能等），这些技术对数字化转型至关重要。初创公司通常具有敏捷的创新能力和前沿的技术解决方案，能够为企业带来新的思维方式和技术突破。

（2）优化资源利用。

通过与不同的利益相关者合作，企业可以共享技术、人才、数据和市场资源，降低成本、提高效率，与合作伙伴可以互补优势，共同解决技术难题和市场挑战，最大化整体收益。

（3）推动创新和敏捷性。

企业通过建立开放的创新平台，能够鼓励各方共同参与创新过程，以便快速响应市场变化和客户需求。协作生态系统能使企业能够更灵活地调整策略和资源配置，适应不断变化的市场环境。

（4）增强市场竞争力。

通过与不同的合作伙伴共享市场资源，企业可以进入新的市场和客户群体，扩大市场份额。企业与知名技术提供商和创新初创公司合作，可以提升企业的品牌价值和市场影响力。

2. 建立伙伴关系和协作生态系统的方法

（1）明确合作目标。

企业应确保所有合作伙伴在数字化转型中的目标和愿景一致，形成共同的战略方向。企业应制定合作框架，明确各方在合作中的角色和贡献，共同创造价值。

(2)选择合适的合作伙伴。

企业应选择在技术、市场和资源等方面具有互补优势的合作伙伴，确保其能够满足企业的需求。合作伙伴的企业文化和价值观应与企业相契合，促进长期稳定的合作关系。

(3)建立开放的合作平台。

企业应构建开放的技术平台，促进各方技术的无缝集成和协同创新。建立数据共享机制，确保合作伙伴能够共享和利用数据，提升整体运营效率。

(4)制定明确的合作协议。

企业应在合作协议中明确各方的权责、资源分配和预期成果，避免纠纷和误解。企业应制定风险管理计划，明确风险分担机制和应对策略，确保合作的稳健推进。

(5)持续沟通和改进。

企业应建立透明的沟通机制，确保各方能够及时分享信息、反馈意见和解决问题。企业应定期评估合作的绩效，识别成功因素和改进点，持续优化合作策略。

3. 案例分析

某大型零售公司与一家领先的云服务提供商和多个初创公司合作，构建了智能供应链管理系统，显著提升了库存管理和物流效率。通过与物流公司和支付服务提供商的合作，该零售公司扩展了线上市场，提升了客户体验和满意度。

某制造企业与多个技术提供商、初创公司和学术机构组成创新联盟，共同研发智能制造解决方案，提升了生产效率和产品质量。通过建立开放的技术和数据平台，各成员共享知识和经验，推动了整个行业的技术进步和标准化。

综上所述，通过明确合作目标、选择合适的合作伙伴、建立开放的合作平台、制定明确的合作协议，以及持续沟通和改进，企业可以实现数字化转型的成功。建立这样的生态系统有助于企业在激烈的市场竞争中脱颖而出，实现可持续发展。

第九章　结论与建议

第一节　主要发现和结论

数字化技术的发展，以及它与实体经济结合衍生出的数字经济对人类社会的政治、经济、科技、文化、工作模式和生活模式产生了巨大的影响。随着数字化技术的加速发展，将会对社会产生更加深刻的影响，甚至可能影响人类发展的历史。

一、主要发现

数字经济与实体经济融合发展研究的主要发现涵盖了多个领域，从经济增长到社会变革都有所涉及。其主要发现包括以下几个方面。

(1)生产效率提升。

数字化技术的引入和应用，尤其是物联网、大数据分析、人工智能等技术，可以显著提高生产效率。实体经济借助数字化的生产流程和管理系统，能够更精准地监控生产过程，实现成本降低、生产效率提高的目标。

(2)市场拓展和个性化服务。

数字化转型使得企业可以更广泛地触达目标市场，实现市场拓展和销售增长。通过数据分析，企业可以更好地了解客户需求、提供个性化的产品和服务、提高客户满意度和忠诚度。

(3)新产业和新业态的涌现。

数字经济的发展催生了许多新型的产业和业态,如共享经济、云计算、区块链等。实体经济通过与数字经济的融合,能够更好地适应市场变化,推动产业升级和创新发展。

(4)金融服务的普惠和便捷。

数字化金融服务的发展使得金融服务更加普惠和便捷,降低了金融交易成本,提高了金融服务的可及性。实体经济中的小微企业和个体经营者通过数字金融平台能够获取融资支持,促进经济活动的增长。

(5)生活方式和社会变革。

数字经济的发展改变了人们的生活方式,如在线购物、移动支付、远程办公等,推动了社会的变革和进步。实体经济中的服务业和零售业通过数字化转型,能够更好地满足人们的生活需求,提升生活品质。

(6)技术创新和竞争优势。

数字经济与实体经济的融合发展推动了技术创新和产业竞争力的提升。实体经济中的企业通过引入先进的数字化技术,能够保持竞争优势,实现可持续发展。

综上所述,数字化技术的广泛应用和实体经济的深度融合将会对经济结构、社会生活和产业竞争力产生深远影响,这些发现为未来经济发展提供了重要的参考和方向。

二、主要结论

数字化技术是实体经济发展的重要推动力。

(1)数字化技术为实体经济提供动力和机遇。

数字化技术的广泛应用为实体经济发展提供了新的动力和机遇,企业通过引入物联网、大数据分析、人工智能等技术,优化生产流程、提升效率,从而加速产业升级和转型。

(2)数字经济与实体经济的融合发展带来多方面效益。

数字经济与实体经济的融合发展可以提升生产效率,拓展市场,创新服务模式,促进经济增长和社会进步。数字化营销手段可以更精准地锁定目标市场，提高销售效率；数字金融服务能够降低融资成本，支持小微企业发展。

(3)数字化转型需要政策支持和配套措施。

实现数字经济与实体经济的融合发展需要政府制定支持政策、加强数字基础设施建设、提升人才培养和管理水平。政府可以出台税收优惠政策，鼓励企业投资数字化转型；加大对数字技术人才的培养和引进力度，提高数字化转型的人力资源。

(4)数据安全和隐私保护是重要挑战。

数字经济与实体经济融合发展过程中，数据安全和隐私保护问题日益凸显，需要加强法律法规和技术手段保障。企业需要建立健全的数据安全管理制度，加强数据加密和权限控制，保护用户隐私和数据安全。

(5)数实融合发展是不可逆转的趋势。

数字化技术的快速发展和实体经济的数字化转型是当前经济发展的必然趋势，将对传统产业格局和经济生态产生深远影响。越来越多的企业意识到数字化转型的重要性，加大对数字化技术的投入，加速融入数字经济的发展潮流。

综上所述，数字经济与实体经济融合发展研究的结论主要强调了数字化转型对经济发展的重要性，以及实现数字经济与实体经济融合发展的必要性和挑战。

第二节　理论贡献与实践意义

一、理论贡献

数字经济与实体经济融合发展研究推动了作者在经济学和管理学领域对数字化转型和实体经济发展之间关系的深入理解。作者得到的主要收获如下。

(1)新经济理论的拓展。

数字经济与实体经济融合发展研究拓展了新经济理论的范畴，突出了数字化技术对传统产业和商业模式的影响。通过探讨数字化技术在实体经济中的应用和影响，丰富了新经济理论的内涵，使其更加贴近实际经济活动的变革过程。

(2)资源配置与创新驱动。

研究数字经济与实体经济融合发展的理论框架强调了资源配置和创新驱动的重要性。传统资源配置理论中，数字化技术被视为生产要素的一部分，而数字经济与实体经济融合发展研究将数字化技术作为重要的创新驱动力。

(3)产业生态系统的重新构建。

研究数字经济与实体经济融合发展的理论探索了产业生态系统的重构。传统的产业生态系统理论关注于传统产业之间的相互作用，而融合发展研究将数字化技术企业、平台和实体产业之间的关系纳入考量，为产业生态系统的理论框架提供了新的视角。

(4)组织管理与变革模式。

数字经济与实体经济融合发展研究对组织管理和变革模式提出了新的理论观点。通过研究数字化转型对组织结构、业务流程和管理方式的影响，本书为企业管理学提供了更加丰富的理论基础和实践指导。

(5)跨学科融合与综合分析。

研究数字经济与实体经济融合发展的理论体现了跨学科融合和综合分析的特点。这一领域的研究涵盖经济学、管理学、信息技术等多个学科领域的知识和理论，为理论体系的构建和学科交叉提供了范例。

综上所述，数字经济与实体经济融合发展研究为经济学和管理学领域的理论建设提供了新的视角和思路。

二、实践意义

(1)促进经济增长和就业。

数字经济与实体经济的融合发展可以推动经济结构的优化和产业升级，促进经济持续增长。新兴的数字经济产业创造了大量的就业机会，为经济发展提供了新的动力。

(2)提升生产效率和产品质量。

数字化技术的应用可以提高实体经济的生产效率、降低生产成本、提升产品和服务的质量。通过数字化生产管理和智能制造技术,企业能够更加精细地管理生产过程,提高生产效率和产品品质。

(3)拓展市场和增加销售渠道。

数字化营销手段和电子商务平台可以帮助企业拓展市场、增加销售渠道、提高产品的知名度和竞争力。实体经济通过数字化转型,能够更加灵活地适应市场需求,开拓新的业务领域和市场空间。

(4)加强金融服务和风险管理。

数字化金融技术的发展可以提高金融服务的效率和便捷性,为实体经济提供更加灵活和多样化的金融支持。同时,数字化技术也能够加强风险管理和监控、降低金融风险、提高金融体系的稳定性。

(5)推动城乡发展和智能化建设。

数字经济与实体经济融合发展可以促进城乡发展的均衡和智能化建设的推进。在城市建设中,数字化技术的应用可以提升城市管理和公共服务水平;在农村和偏远地区,数字化技术能够帮助农民获取信息、开展农业生产,促进农村经济发展。

(6)提升人民生活水平和社会福利。

数字化转型可以提高人们的生活质量和社会福利水平,提供更加便捷和个性化的服务。通过数字化技术,人们可以享受到更多样化的消费体验,更便利的医疗服务,以及更高效的公共管理和社会服务。

综上所述,数字经济与实体经济融合发展研究的实践意义在于推动经济社会的可持续发展,提升生产效率和产品质量,拓展市场空间,促进就业和改善人民生活水平。

第三节　研究局限及未来研究方向

一、研究的局限性

数字经济与实体经济融合发展研究在促进经济发展和转型方面有着重要的作用,但也存在一些局限性,主要有以下几个方面。

(1)数据难以获取和分析。

在研究数字经济与实体经济融合发展过程中,涉及大量的数据获取和分析工作,然而要获取准确、全面的数据往往并不容易。数据的获取可能受到行业保密、商业机密等限制,也可能存在数据不完整、不准确等问题。

(2)理论体系尚未完善。

数字经济与实体经济融合发展是一个新兴的研究领域,相关理论体系尚未完善。目前对数字经济与实体经济融合发展的理论研究仍处于探索阶段,缺乏统一的理论框架和系统性的分析方法。

(3)缺乏长期观察和研究。

数字经济与实体经济融合发展是一个动态的过程,需要长期的观察和研究。短期内的研究往往只能观察到局部现象和暂时性变化,难以把握发展趋势和深层次规律,因此研究结论的普适性和可靠性存在一定局限性。

(4)政策和环境的不确定性。

数字经济与实体经济融合发展受到政策和外部环境的影响较大,而政策和环境的变化具有一定的不确定性。政策调整、市场竞争、国际形势等因素的变化可能对数字经济与实体经济融合发展产生重大影响,但这些影响往往难以预测和量化。

(5)跨学科研究的挑战。

数字经济与实体经济融合发展涉及多个学科领域,需要进行跨学科的研究。跨学科研究面临学科语言、研究方法等方面的挑战,需要研究者具备多方面的知识和技能,同时也增加了研究的复杂度和难度。

综上所述，数字经济与实体经济融合发展研究存在诸多局限性，需要研究者在开展研究时充分考虑这些局限性，并努力寻求解决方法，以提高研究结论的可信度和实用性。

二、未来的研究方向

数字经济与实体经济融合发展研究是一个不断发展和演变的领域，未来的研究方向将继续探索数字化技术与实体经济的深度融合，以推动经济发展和社会进步。以下是未来可能的研究方向。

(1)数字化技术在实体经济中的应用。

学者可以进一步研究数字化技术在各个产业领域的应用情况，探索不同行业中数字化转型的路径和模式。学者可以深入挖掘人工智能、大数据分析、区块链等新兴技术在实体经济中的潜在应用价值，以及研究其对产业结构和经济增长的影响。

(2)数字经济与实体经济融合发展的政策支持。

学者可以研究政府在数字经济与实体经济融合发展过程中的政策作用，探索政府应当如何引导和支持数字化转型。学者可以分析政府在法律、监管、金融等方面的政策调整对数字经济与实体经济融合发展的影响，提出相应的政策建议。

(3)数字经济与实体经济融合发展的企业战略。

学者可以研究企业在数字经济与实体经济融合发展中的战略选择和管理实践，探索企业应对数字化转型挑战的策略路径。学者可以分析企业在技术创新、组织架构、人才培养等方面的调整与变革，以适应数字经济与实体经济融合的发展趋势。

(4)数字经济与实体经济融合发展对社会影响。

学者可以探讨数字经济与实体经济融合对就业、社会福利、生活方式等方面的影响，评估其对社会结构和社会关系的重构程度。学者可以研究数字经济与实体经济融合发展对城乡发展、区域发展、环境保护等方面的影响，为可持续发展提供理论支持和政策建议。

(5)数字经济与实体经济融合发展的国际比较研究。

学者可以比较不同国家和地区数字经济与实体经济融合的现状和特点,分析不同国家政策、制度和文化背景下数字经济与实体经济融合发展的差异。学者可以借鉴国际经验,探索适合本国国情的数字经济与实体经济融合发展路径和模式。

综上所述,未来数字经济与实体经济融合发展的研究方向将更加多元化和深入化,涉及技术、政策、企业战略、社会影响等多个层面,需要跨学科的研究方法和视角。

附录 A　数字经济及其核心产业统计分类(2021)

一、分类目的

为贯彻落实党中央、国务院关于数字经济和信息化发展战略的重大决策部署,科学界定数字经济及其核心产业统计范围,全面统计数字经济发展规模、速度、结构,满足各级党委、政府和社会各界对数字经济的统计需求,制定本分类。

二、编制原则

(一)以党中央、国务院有关文件为依据。本分类贯彻落实党中央、国务院关于数字经济发展战略的重大决策部署,依据 G20 杭州峰会提出的《二十国集团数字经济发展与合作倡议》,以及《中华人民共和国国民经济和社会发展第十四个五年规划和 2035 年远景目标纲要》《国家信息化发展战略纲要》《关于促进互联网金融健康发展的指导意见》等政策文件,确定数字经济的基本范围。

(二)以国内外相关统计分类标准为参考。本分类充分借鉴国内外相关机构关于数字经济分类的方法,参照《新产业新业态新商业模式统计分类(2018)》《战略性新兴产业分类(2018)》《统计上划分信息相关产业暂行规定》等相关统计分类标准,最大程度反映与数字技术紧密相关的各种基本活动。

(三)以《国民经济行业分类》为基础。本分类基于《国民经济行业分类》(GB/T 4754—2017)同质性原则,对国民经济行业分类中符合数字经济产业特征的和以提供数字产品（货物或服务）为目的的相关行业类别活动进行再分类。

（四）以满足数字经济统计监测为目的。本分类立足现行统计工作实际，聚焦数字经济统计核算需求，充分考虑分类的可操作性和数据的可获得性，力求全面、准确反映数字经济及其核心产业发展状况。

三、概念界定和分类范围

数字经济是指以数据资源作为关键生产要素、以现代信息网络作为重要载体、以信息通信技术的有效使用作为效率提升和经济结构优化的重要推动力的一系列经济活动。本分类将数字经济产业范围确定为：01 数字产品制造业、02 数字产品服务业、03 数字技术应用业、04 数字要素驱动业、05 数字化效率提升业等 5 个大类。

数字经济核心产业是指为产业数字化发展提供数字技术、产品、服务、基础设施和解决方案，以及完全依赖于数字技术、数据要素的各类经济活动。本分类中 01～04 大类为数字经济核心产业。

四、结构和编码

本分类采用线分类法和分层次编码方法，将数字经济活动划分为三层，分别用阿拉伯数字编码表示。第一层为大类，用 2 位数字表示，共有 5 个大类；第二层为中类，用 4 位数字表示，共有 32 个中类；第三层为小类，用 6 位数字表示，共有 156 个小类。

本分类代码结构：

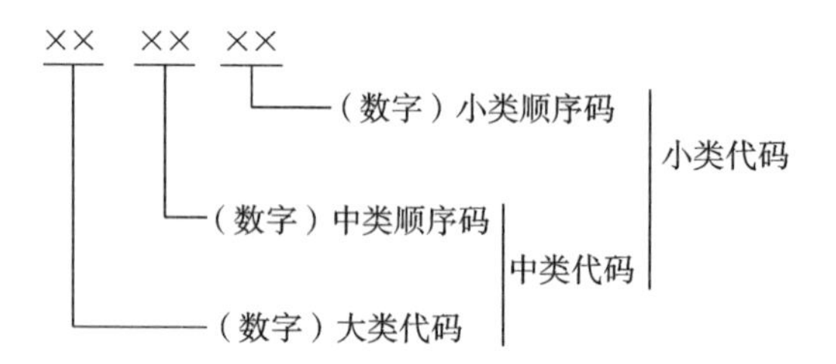

五、有关说明

(一)数字经济核心产业对应的 01—04 大类即数字产业化部分,主要包括计算机通信和其他电子设备制造业、电信广播电视和卫星传输服务、互联网和相关服务、软件和信息技术服务业等,是数字经济发展的基础;第 05 大类为产业数字化部分,指应用数字技术和数据资源为传统产业带来的产出增加和效率提升,是数字技术与实体经济的融合。

(二)本分类所涉及国民经济行业分类的具体范围和说明,与《2017 国民经济行业分类注释》相一致。

六、数字经济及其核心产业统计分类

代码			名称	说明	国民经济行业代码及名称(2017)
大类	中类	小类			
★01			数字产品制造业		
	0101		计算机制造		
		010101	计算机整机制造	指将可进行算术或逻辑运算的中央处理器和外围设备集成计算整机的制造,包括硬件与软件集成计算机系统的制造、来件组装计算机的加工	3911 计算机整机制造
		010102	计算机零部件制造	指组成电子计算机的内存、板卡、硬盘、电源、机箱、显示器等部件的制造	3912 计算机零部件制造
		010103	计算机外围设备制造	指计算机外围设备及附属设备的制造,包括输入设备、输出设备和外存储设备等制造	3913 计算机外围设备制造

续表

代码			名称	说明	国民经济行业代码及名称（2017）
大类	中类	小类			
★01	0101	010104	工业控制计算机及系统制造	指一种采用总线结构，对生产过程及机电设备、工艺装备进行检测与控制的工具总称；工控机具有重要的计算机属性和特征，如具有计算机CPU、硬盘、内存、外设及接口，并有操作系统、控制网络和协议、计算能力、友好的人机界面；工控行业的产品和技术非常特殊，属于中间产品，是为其他各行业提供可靠、嵌入式、智能化的工业计算机制造	3914 工业控制计算机及系统制造
		010105	信息安全设备制造	指用于保护网络和计算机中信息和数据安全的专用设备的制造，包括边界安全、通信安全、身份鉴别与访问控制、数据安全、基础平台、内容安全、评估审计与监控、安全应用设备等制造	3915 信息安全设备制造
		010106	其他计算机制造	指计算机应用电子设备（以中央处理器为核心，配以专业功能模块、外围设备等构成各行业应用领域专用的电子产品及设备，如金融电子、汽车电子、医疗电子、信息采集及识别设备、数字化3C产品等），以及其他未列明计算机设备的制造	3919 其他计算机制造
	0102		通讯及雷达设备制造		
		010201	通信系统设备制造	指固定或移动通信接入、传输、交换设备等通信系统建设所需设备的制造	3921 通信系统设备制造

续表

代码			名称	说明	国民经济行业代码及名称(2017)
大类	中类	小类			
★01	0102	010202	通信终端设备制造	指固定或移动通信终端设备的制造	3922 通信终端设备制造
		010203	雷达及配套设备制造	指雷达整机及雷达配套产品的制造	3940 雷达及配套设备制造
	0103		数字媒体设备制造		
		010301	广播电视节目制作及发射设备制造	指广播电视节目制作、发射设备及器材的制造	3931 广播电视节目制作及发射设备制造
		010302	广播电视接收设备制造	指专业广播电视接收设备的制造。不包括家用广播电视接收设备的制造	3932 广播电视接收设备制造
		010303	广播电视专用配件制造	指专业用录像重放及其他配套的广播电视设备的制造。不包括家用广播电视装置的制造	3933 广播电视专用配件制造
		010304	专业音响设备制造	指广播电视、影剧院、各种场地等专业用录音、音响设备及其他配套设备的制造	3934 专业音响设备制造
		010305	应用电视设备及其他广播电视设备制造	指应用电视设备、其他广播电视设备和器材的制造	3939 应用电视设备及其他广播电视设备制造
		010306	电视机制造	指非专业用电视机制造	3951 电视机制造
		010307	音响设备制造	指非专业用智能音响、无线电收音机、收录音机、唱机等音响设备的制造	3952 音响设备制造

续表

代码			名称	说明	国民经济行业代码及名称(2017)
大类	中类	小类			
★01	0103	010308	影视录放设备制造	指非专业用智能机顶盒、录像机、摄像机、激光视盘机等影视设备整机及零部件的制造，包括教学用影视设备的制造。不包括广播电视等专业影视设备的制造	3953 影视录放设备制造
	0104		智能设备制造		
		010401	工业机器人制造	指用于工业自动化领域的工业机器人的制造，如焊接专用机器人、喷涂机器人、工厂用物流机器人、机械式遥控操作装置(遥控机械手)等	3491 工业机器人制造
		010402	特殊作业机器人制造	指用于特殊性作业的机器人的制造，如水下、危险环境、高空作业、国防、科考、特殊搬运、农业等特殊作业机器人	3492 特殊作业机器人制造
		010403	智能照明器具制造	指利用计算机、无线通讯数据传输、扩频电力载波通讯技术、计算机智能化信息处理及节能型电器控制等技术组成的分布式无线遥测、遥控、遥讯控制系统，具有灯光亮度的强弱调节、灯光软启动、定时控制、场景设置等功能的照明器具的制造	3874 智能照明器具制造
		010404	可穿戴智能设备制造	指由用户穿戴和控制，并且自然、持续地运行和交互的个人移动计算设备产品的制造，包括可穿戴运动监测设备的制造	3961 可穿戴智能设备制造

续表

代码			名称	说明	国民经济行业代码及名称(2017)
大类	中类	小类			
★01	0104	010405	智能车载设备制造	指包含具备汽车联网、自动驾驶、车内及车际通讯、智能交通基础设施通信等功能要素,融合了传感器、雷达、卫星定位、导航、人工智能等技术,使汽车具备智能环境感知能力,自动分析汽车行驶的安全及危险状态目的的车载终端产品及相关配套设备的制造	3962 智能车载设备制造
		010406	智能无人飞行器制造	指按照国家有关安全规定标准,经允许生产并主要用于娱乐、科普等领域的智能无人飞行器的制造	3963 智能无人飞行器制造
		010407	服务消费机器人制造	指除工业和特殊作业以外的各种机器人的制造,包括用于个人、家庭及商业服务类机器人,如家务机器人、餐饮用机器人、宾馆用机器人、销售用机器人、娱乐机器人、助老助残机器人、医疗机器人、清洁机器人等	3964 服务消费机器人制造
		010408	其他智能消费设备制造	指其他未列明的智能消费设备的制造	3969 其他智能消费设备制造
	0105		电子元器件及设备制造		
		010501	半导体器件专用设备制造	指生产集成电路、二极管(含发光二极管)、三极管、太阳能电池片的设备的制造	3562 半导体器件专用设备制造
		010502	电子元器件与机电组件设备制造	指生产电容、电阻、电感、印制电路板、电声元件、锂离子电池等电子元器件与机电组件的设备的制造	3563 电子元器件与机电组件设备制造

续表

代码			名称	说明	国民经济行业代码及名称(2017)
大类	中类	小类			
★01	0105	010503	电力电子元器件制造	指用于电能变换和控制(从而实现运动控制)的电子元器件的制造	3824 电力电子元器件制造
		010504	光伏设备及元器件制造	指太阳能组件(太阳能电池)、控制设备及其他太阳能设备和元器件制造。不包括太阳能用蓄电池制造	3825 光伏设备及元器件制造
		010505	电气信号设备装置制造	指交通运输工具(如机动车、船舶、铁道车辆等)专用信号装置及各种电气音响或视觉报警、警告、指示装置的制造,以及其他电气声像信号装置的制造	3891 电气信号设备装置制造
		010506	电子真空器件制造	指电子热离子管、冷阴极管或光电阴极管及其他真空电子器件,以及电子管零件的制造	3971 电子真空器件制造
		010507	半导体分立器件制造	指各类半导体分立器件的制造	3972 半导体分立器件制造
		010508	集成电路制造	指单片集成电路、混合式集成电路的制造	3973 集成电路制造
		010509	显示器件制造	指基于电子手段呈现信息供视觉感受的器件及模组的制造,包括薄膜晶体管液晶显示器件(TN/STN-LCD、TFT-LCD)、场发射显示器件(FED)、真空荧光显示器件(VFD)、有机发光二极管显示器件(OLED)、等离子显示器件(PDP)、发光二极管显示器件(LED)、曲面显示器件以及柔性显示器件等	3974 显示器件制造

续表

代码			名称	说明	国民经济行业代码及名称(2017)
大类	中类	小类			
★01	0105	010510	半导体照明器件制造	指用于半导体照明的发光二极管(LED)、有机发光二极管(OLED)等器件的制造	3975 半导体照明器件制造
		010511	光电子器件制造	指利用半导体光—电子(或电—光子)转换效应制成的各种功能器件的制造	3976 光电子器件制造
		010512	电阻电容电感元件制造	指电容器(包括超级电容器)、电阻器、电位器、电感器件、电子变压器件的制造	3981 电阻电容电感元件制造
		010513	电子电路制造	指在绝缘基材上采用印制工艺形成电气电子连接电路,以及附有无源与有源元件的制造,包括印刷电路板及附有元器件构成电子电路功能组合件	3982 电子电路制造
		010514	敏感元件及传感器制造	指按一定规律,将感受到的信息转换成为电信号或其他所需形式的信息输出的敏感元件及传感器的制造	3983 敏感元件及传感器制造
		010515	电声器件及零件制造	指扬声器、送受话器、耳机、音箱等器件及零件的制造	3984 电声器件及零件制造
		010516	电子专用材料制造	指用于电子元器件、组件及系统制备的专用电子功能材料、互联与封装材料、工艺及辅助材料的制造,包括半导体材料、光电子材料、磁性材料、锂电池材料、电子陶瓷材料、覆铜板及铜箔材料、电子化工材料等	3985 电子专用材料制造

续表

代码			名称	说明	国民经济行业代码及名称（2017）
大类	中类	小类			
★01	0105	010517	其他元器件及设备制造	指其他未列明的电子器件、电子元件、电子设备的制造	3979 其他电子器件制造 3989 其他电子元件制造 3990 其他电子设备制造
	0106		其他数字产品制造业		
		010601	记录媒介复制	指将母带、母盘上的信息进行批量翻录的生产活动	2330 记录媒介复制
		010602	电子游戏游艺设备制造	指主要安装在室内游乐场所的电子游乐设备的制造，包括电子游戏机等	2462＊ 游艺用品及室内游艺器材制造
		010603	信息化学品制造	指电影、照相、幻灯、投影、医学和其他生产用感光材料、冲洗套药，磁、光记录材料，光纤维通讯用辅助材料，及其专用化学制剂的制造	2664 文化用信息化学品制造 2665 医学生产用信息化学品制造
		010604	计算器及货币专用设备制造	指金融、商业、交通及办公等使用的电子计算器、具有计算功能的数据记录、重现和显示机器的制造，以及货币专用设备及类似机械的制造	3475 计算器及货币专用设备制造
		010605	增材制造装备制造	指以增材制造（3D 打印）技术进行加工的设备制造和零部件制造	3493 增材制造装备制造
		010606	专用电线、电缆制造	指在声音、文字、图像等信息传播方面所使用的电线电缆的制造	3831＊ 电线、电缆制造
		010607	光纤制造	指将电的信号变成光的信号，进行声音、文字、图像等信息传输的光纤的制造	3832 光纤制造

续表

代码			名称	说明	国民经济行业代码及名称(2017)
大类	中类	小类			
★01	0106	010608	光缆制造	指利用置于包覆套中的一根或多根光纤作为传输媒质并可以单独或成组使用的光缆的制造	3833 光缆制造
		010609	工业自动控制系统装置制造	指用于连续或断续生产制造过程中，测量和控制生产制造过程的温度、压力、流量、物位等变量或者物体位置、倾斜、旋转等参数的工业用计算机控制系统、检测仪表、执行机构和装置的制造	4011 工业自动控制系统装置制造
★02			数字产品服务业		
	0201		数字产品批发		
		020101	计算机、软件及辅助设备批发	指各类计算机、软件及辅助设备的批发和进出口活动	5176 计算机、软件及辅助设备批发
		020102	通讯设备批发	指各类电信设备的批发和进出口活动	5177 通讯设备批发
		020103	广播影视设备批发	指各类广播影视设备的批发和进出口活动	5178 广播影视设备批发
	0202		数字产品零售		
		020201	计算机、软件及辅助设备零售	指各类计算机、软件及辅助设备的零售活动	5273 计算机、软件及辅助设备零售
		020202	通信设备零售	指各类电信设备的零售活动	5274 通信设备零售

续表

代码			名称	说明	国民经济行业代码及名称(2017)
大类	中类	小类			
★02	0202	020203	音像制品、电子和数字出版物零售	指各类音像制品及电子出版物的零售活动	5244 音像制品、电子和数字出版物零售
	0203		数字产品租赁		
		020301	计算机及通讯设备经营租赁	指各类计算机、通讯设备的租赁活动	7114 计算机及通讯设备经营租赁
		020302	音像制品出租	指各种音像制品的出租活动	7125 音像制品出租
	0204		数字产品维修		
		020401	计算机和辅助设备修理	指各类计算机和辅助设备的修理活动	8121 计算机和辅助设备修理
		020402	通讯设备修理	指电话机、传真机和手机等通讯设备的修理活动	8122 通讯设备修理
	0205	020500	其他数字产品服务业	指其他未列明数字产品服务业	
★03			数字技术应用业		
	0301		软件开发		
		030101	基础软件开发	指能够对硬件资源进行调度和管理、为应用软件提供运行支撑的软件的开发活动,包括操作系统、数据库、中间件、各类固件等	6511 基础软件开发
		030102	支撑软件开发	指软件开发过程中使用到的支撑软件开发的工具和集成环境、测试工具软件等的开发活动	6512 支撑软件开发

续表

代码			名称	说明	国民经济行业代码及名称(2017)
大类	中类	小类			
★03	0301	030103	应用软件开发	指独立销售的面向应用需求和解决方案等软件的开发活动,包括通用软件、工业软件、行业软件、嵌入式应用软件等	6513 应用软件开发
		030104	其他软件开发	指其他未列明软件的开发活动,如平台软件、信息安全软件等	6519 其他软件开发
	0302		电信、广播电视和卫星传输服务		
		030201	电信	指利用有线、无线的电磁系统或者光电系统,传送、发射或者接收语音、文字、数据、图像、视频以及其他任何形式信息的活动	6311 固定电信服务 6312 移动电信服务 6319 其他电信服务
		030202	广播电视传输服务	指利用有线广播电视网络及其信息传输分发交换接入服务和信号,以及利用无线广播电视传输覆盖网及其信息传输分发交换服务信号的传输服务	6321 有线广播电视传输服务 6322 无线广播电视传输服务
		030203	卫星传输服务	指利用卫星提供通讯传输和广播电视传输服务,以及导航、定位、测绘、气象、地质勘查、空间信息等应用服务的活动	6331 广播电视卫星传输服务 6339 其他卫星传输服务
	0303		互联网相关服务		

续表

代码			名称	说明	国民经济行业代码及名称（2017）
大类	中类	小类			
★03	0303	030301	互联网接入及相关服务	指除基础电信运营商外，基于基础传输网络，为存储数据、数据处理及相关活动提供接入互联网的有关应用设施的服务活动	6410 互联网接入及相关服务
		030302	互联网搜索服务	指利用互联网查找、检索存储在其他站点上的信息的服务活动	6421 互联网搜索服务
		030303	互联网游戏服务	指各种互联网游戏服务活动，包括在线网络游戏、互联网电子竞技服务等	6422 互联网游戏服务
		030304	互联网资讯服务	指除基础电信运营商外，通过互联网提供网上新闻、网上新媒体、网上信息发布等信息服务的活动	8610＊ 新闻业 6429＊互联网其他信息服务
		030305	互联网安全服务	指各种互联网安全服务活动，包括网络安全集成服务、网络安全运维服务、网络安全灾备服务、网络安全监测和应急服务、网络安全认证检测服务、网络安全风险评估服务、网络安全咨询服务、网络安全培训服务等	6440 互联网安全服务
		030306	互联网数据服务	指以互联网技术为基础的大数据处理、云存储、云计算、云加工、区块链等服务活动	6450 互联网数据服务

续表

代码			名称	说明	国民经济行业代码及名称(2017)
大类	中类	小类			
★03	0303	030307	其他互联网相关服务	指除基础电信运营商外,通过互联网提供网上音乐、网上视频、网上表演(直播)、网络动漫、网络艺术品等信息服务的活动,以及物联网服务、互联网资源写作服务、基于IPv6技术提供的网络平台服务等未列明的互联网服务活动。不包括互联网支付、互联网基金销售、互联网保险、互联网信托和互联网消费金融等互联网信息服务	6429 * 互联网其他信息服务 6490 其他互联网服务
	0304		信息技术服务		
		030401	集成电路设计	指企业开展的集成电路功能研发、设计等服务活动	6520 集成电路设计
		030402	信息系统集成服务	指基于需方业务需求进行的信息系统需求分析和系统设计,并通过结构化的综合布缆系统、计算机网络技术和软件技术,将各个分离的设备、功能和信息等集成到相互关联的、统一和协调的系统之中,以及为信息系统的正常运行提供支持的服务活动	6531 信息系统集成服务
		030403	物联网技术服务	指提供各种物联网技术支持的服务活动,包括物联网信息感知技术服务、物联网信息传感技术服务、物联网数据通讯技术服务、物联网信息处理技术服务、物联网信息安全技术服务等	6532 物联网技术服务

续表

代码			名称	说明	国民经济行业代码及名称(2017)
大类	中类	小类			
★03	0304	030404	运行维护服务	指各种运行维护服务活动,包括基础环境运行维护、网络运行维护、软件运行维护、硬件运行维护、局域网安装调试服务、局域网维护服务以及其他运行维护服务、网络技术支持服务等	6540 运行维护服务
		030405	信息处理和存储支持服务	指供方向需方提供的信息和数据的分析、整理、计算、编辑、存储等加工处理服务,以及应用软件、信息系统基础设施等租用服务,包括在线企业资源规划(ERP)、在线杀毒、服务器托管、虚拟主机等	6550 信息处理和存储支持服务
		030406	信息技术咨询服务	指在信息资源开发利用、工程建设、人员培训、管理体系建设、技术支撑等方面向需方提供的管理或技术咨询评估服务活动,包括信息化规划、信息技术管理咨询、信息系统工程监理、测试评估、信息技术培训等	6560 信息技术咨询服务
		030407	地理遥感信息及测绘地理信息服务	指各类地理遥感信息服务活动和遥感测绘服务活动,包括互联网地图服务软件、地理信息系统软件、测绘软件、遥感软件、导航与位置服务软件、地图制图软件等地理遥感信息服务,以及卫星定位测量、导航定位服务等遥感测绘服务	6571 地理遥感信息服务 7441 遥感测绘服务 7449 其他测绘地理信息服务

续表

代码			名称	说明	国民经济行业代码及名称(2017)
大类	中类	小类			
★03	0304	030408	动漫、游戏及其他数字内容服务	指将动漫和游戏中的图片、文字、视频、音频等信息内容运用数字化技术进行加工、处理、制作并整合应用的服务活动,以及数字文化、数字体育等其他数字内容服务	6572 动漫、游戏数字内容服务 6579 其他数字内容服务
		030409	其他信息技术服务业	指其他上述未列明的信息技术服务业,包括电信呼叫服务、电话信息服务、计算机使用服务等	6591 呼叫中心 6599 其他未列明信息技术服务业
	0305		其他数字技术应用业		
		030501	三维(3D)打印技术推广服务	指各类三维(3D)打印技术推广服务活动,包括3D打印服务、3D打印技术推广等	7517 三维(3D)打印技术推广服务
		030502	其他未列明数字技术应用业	指其他未列明的数字技术应用业	
★04			数字要素驱动业		
	0401		互联网平台		
		040101	互联网生产服务平台	指专门为生产服务提供第三方服务平台的互联网活动,包括工业互联网平台、互联网大宗商品交易平台、互联网货物运输平台等	6431 互联网生产服务平台

续表

代码			名称	说明	国民经济行业代码及名称（2017）
大类	中类	小类			
★04	0401	040102	互联网生活服务平台	指专门为居民生活服务提供第三方服务平台的互联网活动，包括互联网销售平台、互联网约车服务平台、在线旅游经营服务平台、互联网体育平台、互联网教育平台、互联网社交平台等	6432 互联网生活服务平台
		040103	互联网科技创新平台	指专门为科技创新、创业等提供第三方服务平台的互联网活动，包括网络众创平台、网络众包平台、网络众扶平台、技术创新网络平台、科技成果网络推广平台、知识产权交易平台、开源社区平台等	6433 互联网科技创新平台
		040104	互联网公共服务平台	指专门为公共服务提供第三方服务平台的互联网活动，包括互联网政务平台、互联网公共安全服务平台、互联网环境保护平台、互联网数据平台等	6434 互联网公共服务平台
		040105	其他互联网平台	指其他未列明的互联网平台	6439 其他互联网平台
	0402		互联网批发零售		
		040201	互联网批发	指批发商主要通过互联网电子商务平台开展的商品批发活动	5193 互联网批发
		040202	互联网零售	指零售商通过电子商务平台开展的零售活动。不包括仅提供网络支付的活动，以及仅建立或提供网络交易平台和接入的活动	5292 互联网零售

续表

代码			名称	说明	国民经济行业代码及名称(2017)
大类	中类	小类			
★04	0403		互联网金融		
		040301	网络借贷服务	指依法成立,专门从事网络借贷信息中介业务活动的金融信息中介公司通过互联网平台实现的直接借贷活动	6637 网络借贷服务
		040302	非金融机构支付服务	指非金融机构在收付款人之间作为中介机构提供的货币资金转移服务,包括第三方支付机构从事的互联网支付、预付卡的发行与受理、银行卡收单以及中国人民银行确定的其他支付等服务	6930 非金融机构支付服务
		040303	金融信息服务	指向从事金融分析、金融交易、金融决策或者其他金融活动的用户提供可能影响金融市场的信息(或者金融数据)的服务,包括征信机构服务	6940 金融信息服务
	0404		数字内容与媒体		
		040401	广播	指广播节目的现场制作、播放及其他相关活动,包括互联网广播	8710 广播
		040402	电视	指有线和无线电视节目的现场制作、播放及其他相关活动,包括互联网电视	8720 电视
		040403	影视节目制作	指电影、电视、录像(含以磁带、光盘为载体)和网络节目的制作活动,以及影视节目的后期制作。不包括电视台制作节目的活动	8730 影视节目制作

续表

代码			名称	说明	国民经济行业代码及名称(2017)
大类	中类	小类			
★04	0404	040404	广播电视集成播控	指交互式网络电视(IPTV)、手机电视、互联网电视(OTT)等专网及定向传播视听节目服务的集成播控活动	8740 广播电视集成播控
		040405	电影和广播电视节目发行	指电影和影视节目的发行活动。不包括录像制品(以磁带、光盘为载体)的发行	8750 电影和广播电视节目发行
		040406	电影放映	指专业电影院以及设在娱乐场所独立(或相对独立)的电影放映等活动	8760 电影放映
		040407	录音制作	指可以在广播电台播放,或者制作成出版、销售的原版录音带(磁带或光盘),或者在其他宣传场合播放的录音节目的制作活动。不包括广播电台制作节目的活动	8770 录音制作
		040408	数字内容出版	指各类录音制品、电子出版物,以及利用数字技术进行内容编辑加工、并通过网络传播数字内容产品的出版服务	8624 音像制品出版 8625 电子出版物出版 8626 数字出版
		040409	数字广告	指在互联网平台投放,以广告横幅、文本链接、多媒体等形式,为外部客户提供宣传推广服务的活动	7251 互联网广告服务
	0405		信息基础设施建设		
		040501	网络基础设施建设	指光缆、微波、卫星、移动通信、工业互联网、物联网、5G等网络基础设施的建设活动	4851* 架线及设备工程建筑 4910* 电气安装

续表

代码			名称	说明	国民经济行业代码及名称(2017)
大类	中类	小类			
★04	0405	040502	新技术基础设施建设	指人工智能、云计算、区块链等新技术基础设施的建设活动	4851* 架线及设备工程建筑 4910* 电气安装
		040503	算力基础设施建设	指以数据服务器、运算中心、数据存储阵列等为核心,实现数据信息的计算、存储、传递、加速、展示等功能的数据中心、智能计算中心等算力基础设施的建设活动	4790* 其他房屋建筑业 4851* 架线及设备工程建筑 4910* 电气安装 4999* 其他建筑安装
		040504	其他信息基础设施建设	指上述未列明的其他信息基础设施的建设活动	
	0406	040600	数据资源与产权交易	指对数据资源与数字产权的交易活动	7213* 资源与产权交易服务
	0407		其他数字要素驱动业		
		040701	供应链管理服务	指基于现代信息技术对供应链中的物流、商流、信息流和资金流进行设计、规划、控制和优化,将单一、分散的订单管理、采购执行、报关退税、物流管理、资金融通、数据管理、贸易商务、结算等一体化整合的服务	7224 供应链管理服务
		040702	安全系统监控服务	指各类安全系统监控服务活动,包括消防报警系统监控服务、治安报警系统监控服务、交通安全系统监控服务和其他安全系统监控服务。不包括公安部门的活动和消防部门的活动	7272 安全系统监控服务

续表

代码			名称	说明	国民经济行业代码及名称(2017)
大类	中类	小类			
★04	0407	040703	数字技术研究和试验发展	指大数据、互联网、物联网、人工智能、VR/AR、边缘计算、异构计算、工业视觉算法等新兴计算关键技术，SDN(软件定义网络)、网络切片等关键技术研究应用，以及量子通信和其他数字技术的研发与试验发展活动	7320 * 工程和技术研究和试验发展
★05			数字化效率提升业		
	0501		智慧农业		
		050101	数字化设施种植	指精准播种、智能温室等利用遥感、地理信息系统、全球定位系统、物联网、人工智能、大数据、云计算、无人机等现代信息技术和智能化设施，对土壤、地形、地貌、温度、湿度等农作物生长环境信息进行采集、分析，实现精准控制和监测的农作物种植及相关活动	01 * 农业
		050102	数字林业	指利用遥感、地理信息系统、全球定位系统、物联网、无人机等现代信息技术和智能化设施，对土壤、地形、地貌、气候、温度、湿度等林业生长环境信息进行采集、分析，实现自动化、智能化的林业及相关活动	02 * 林业

续表

代码			名称	说明	国民经济行业代码及名称(2017)
大类	中类	小类			
★05	0501	050103	自动化养殖	指利用RFID射频识别、自动进食、人工智能、大数据、云计算等现代信息技术,实现自动化、智能化的畜牧业及相关活动,包括牲畜饲养、家禽饲养、水产养殖、畜禽粪污处理等活动	03* 畜牧业 04* 渔业
		050104	新技术育种	指应用数字化、信息化、智能化等手段开展的种子种苗培育、林木育种育苗、畜牧良种繁殖、鱼苗及育种场等活动	0211* 林木育种 0212* 林木育苗 0511* 种子种苗培育活动 0531* 畜牧良种繁殖活动 0541* 鱼苗及鱼种场活动
		050105	其他智慧农业	指利用物联网、大数据、互联网等现代信息技术对农林牧渔业生产经营进行管理的活动	05* 农、林、牧、渔专业及辅助性活动
	0502		智能制造		
		050201	数字化通用、专用设备制造	指利用数字孪生、人工智能、5G、区块链、VR/AR、边缘计算、试验验证、仿真技术等技术和设备,在通用、专用设备领域开展的生产和制造活动,包括个性定制、柔性制造等新模式。不包括计算器及货币专用设备制造、工业机器人制造、特殊作业机器人制造、增材制造装备制造、半导体器件专用设备制造、电子元器件与机电组件设备制造	34* 通用设备制造业 35* 专用设备制造业

续表

代码			名称	说明	国民经济行业代码及名称（2017）
大类	中类	小类			
★05	0502	050202	数字化运输设备制造	指利用数字孪生、人工智能、5G、区块链、VR/AR、边缘计算、试验验证、仿真技术等技术和设备，在交通运输设备领域开展的生产和制造活动	36＊ 汽车制造业 37＊ 铁路、船舶、航空航天和其他运输设备制造业
		050203	数字化电气机械、器材和仪器仪表制造	指利用数字孪生、人工智能、5G、区块链、VR/AR、边缘计算、试验验证、仿真技术等技术和设备，在电气机械和器材制造、仪器仪表领域开展的生产和制造活动。不包括电力电子元器件制造、光伏设备及元器件制造、专用电线电缆制造、光纤制造、光缆制造、智能照明器具制造、电气信号设备装置制造、工业自动控制系统装置制造	38＊ 电气机械和器材制造业 40＊ 仪器仪表制造业
		050204	其他智能制造	指利用数字孪生、人工智能、5G、区块链、VR/AR、边缘计算、试验验证、仿真技术等技术和设备，在上述未列明的制造行业开展的生产和制造活动	C＊ 制造业
	0503		智能交通		
		050301	智能铁路运输	指借助数字化技术和互联网平台进行的铁路安全管理、调度指挥、行车组织、客运组织、货运组织，以及机车车辆、线桥隧涵、牵引供电、通信信号、信息系统的运用及维修养护等活动	53＊ 铁路运输业

续表

代码			名称	说明	国民经济行业代码及名称(2017)
大类	中类	小类			
★05	0503	050302	智能道路运输	指借助数字化技术和互联网平台进行的道路运输、经营及运输维护活动,包括公路智能管理、交通信号联动、公交优先通行控制、智慧停车场等	54* 道路运输业
		050303	智能水上运输	指借助数字化技术和互联网平台进行的水上旅客运输、水上货物运输和水上运输辅助活动,包括智慧港口、数字航道等	55* 水上运输业
		050304	智能航空运输	指借助数字化技术和互联网平台进行的航空客货运输、通用航空服务和航空运输辅助活动,包括智慧民航等	56* 航空运输业
		050305	其他智能交通	指借助数字化技术和互联网平台进行的海底管道运输和陆地管道运输活动,以及由两种及以上的交通工具相互衔接、转运而共同完成的货物复合运输活动以及与运输有关的代理及服务活动	57* 管道运输业 58* 多式联运和运输代理业
	0504		智慧物流		
		050401	智慧仓储	指以信息化技术为依托的装卸搬运、仓储服务	59* 装卸搬运和仓储业
		050402	智慧配送	指利用信息化技术开展的邮政、快递服务	60* 邮政业
	0505		数字金融		

续表

代码			名称	说明	国民经济行业代码及名称（2017）
大类	中类	小类			
★05	0505	050501	银行金融服务	指银行提供的发放贷款、理财、监管等服务活动，包括中央银行服务、货币银行服务、非货币银行服务、银行理财服务和银行监管服务。不包括典当和网络借贷服务	66＊ 货币金融服务
		050502	数字资本市场服务	指借助数字化技术和互联网平台进行的资本融通与交易市场的服务，包括证券市场服务、公开募集证券投资基金、非公开募集证券投资基金、期货市场服务、证券期货监管服务、资本投资服务，以及上述未列明的其他资本市场服务	67＊ 资本市场服务
		050503	互联网保险	指保险机构依托互联网订立保险合同、提供保险服务的保险经营活动	68＊ 保险业
		050504	其他数字金融	指上述未列明的其他金融业。不包括非金融机构支付服务、金融信息服务	69＊ 其他金融业
	0506		数字商贸		
		050601	数字化批发	指在商品流通环节中有数字化技术适度参与的批发活动。不包括主要通过互联网电子商务平台开展的商品批发活动	51＊ 批发业
		050602	数字化零售	指在商品流通环节中有数字化技术适度参与的零售活动，包括无人店铺零售、新零售等。不包括主要通过互联网电子商务平台开展的商品零售活动	52＊ 零售业

续表

代码			名称	说明	国民经济行业代码及名称(2017)
大类	中类	小类			
★05	0506	050603	数字化住宿	指利用信息化技术开展的高效、精准、便捷的现代住宿活动	61* 住宿业
		050604	数字化餐饮	指利用信息化技术开展的高效、精准、便捷的现代餐饮活动	62* 餐饮业
		050605	数字化租赁	指利用信息化技术开展的租赁活动。不包括计算机及通讯设备经营租赁、音像制品出租	71* 租赁业
		050606	数字化商务服务	指利用信息化技术开展的商务咨询与调查、票务代理服务、旅游、人力资源服务、会议展览及相关服务等活动。不包括资源与产权交易服务、供应链管理服务、互联网广告服务、安全系统监控服务	72* 商务服务业
	0507		数字社会		
		050701	智慧教育	指利用数字化技术和信息化平台进行内容传播和快速学习的活动，包括在线教育、在线培训、网络学院、网络教育和以在线学习等为主的互联网学校教育和职业技能培训等	83* 教育
		050702	智慧医疗	指利用数字化技术和信息化平台开展的医学检查检验影像，以及在线医疗、远程医疗等服务活动	84* 卫生
		050703	数字化社会工作	指利用数字化技术和信息化平台开展的慈善、救助、福利、护理、帮助等社会工作的活动	85* 社会工作
	0508		数字政府		

续表

代码			名称	说明	国民经济行业代码及名称（2017）
大类	中类	小类			
★05	0508	050801	行政办公自动化	指各级行政机关应用现代信息技术、网络技术、计算机等进行的内部办公活动	S* 公共管理、社会保障和社会组织
		050802	网上税务办理	指税务部门通过互联网提供的税收缴纳服务和管理活动	9221* 综合事务管理机构
		050803	互联网海关服务	指海关通过互联网进行的通关管理、关税征收等活动	9221* 综合事务管理机构
		050804	网上社会保障服务	指社会保障部门通过互联网提供的各种社会保障服务，包括基本保险、补充保险及其他基本保险等	94* 社会保障
		050805	其他数字政府	指其他未列明的电子政务活动	S* 公共管理、社会保障和社会组织
	0509		其他数字化效率提升业		
		050901	数字采矿	指利用工业机器人、大数据、物联网、云技术等技术和设备开展煤炭、石油和天然气的开采、洗选、采选、分级等生产活动	B* 采矿业
		050902	智能化电力、热力、燃气及水生产和供应	指将大数据、物联网、云技术等技术和设备应用到电力、热力、燃气及水生产、处理、利用或供应活动中，实现生产、处理、利用或供应过程可视化智能实时监控预警等功能的生产活动	D* 电力、热力、燃气及水生产和供应业

续表

代码			名称	说明	国民经济行业代码及名称(2017)
大类	中类	小类			
★05	0509	050903	数字化建筑业	指利用BIM技术、云计算、大数据、物联网、人工智能、移动互联网等数字技术与传统建筑业的融合活动	E* 建筑业
		050904	互联网房地产业	指利用互联网进行的房地产中介服务、房地产租赁经营,以及上述未列明的其他互联网房地产业	K* 房地产业
		050905	专业技术服务业数字化	指利用信息化技术,通过大数据、云计算等技术手段进行的专业技术服务,包括气象服务、地震服务、海洋服务、环境与生态监测检测服务、地质勘查、工程技术与设计服务及其他专业技术服务。不包括工程和技术研究和试验发展、测绘地理信息服务、三维(3D)打印技术推广服务	M* 科学研究和技术服务业
		050906	数字化水利、环境和市政设施管理	指通过信息技术和网络手段实现的水利、环境和公共设施管理,包括水利管理、公共设施管理、土地管理、生态保护和环境治理活动	N* 水利、环境和公共设施管理业
		050907	互联网居民生活服务	指利用信息化技术,通过互联网联络、承接业务、签单、付款等提供的家庭服务、托儿所服务、洗染服务、理发及美容服务、洗浴和保健养生服务、摄影扩印服务、婚姻服务、殡葬服务、代购服务、代驾服务、机动车和日用品修理服务、清洁服务等居民服务业。不包括计算机和辅助设备修理、通讯设备修理	O* 居民服务、修理和其他服务业

续表

代码			名称	说明	国民经济行业代码及名称（2017）
大类	中类	小类			
★05	0509	050908	互联网文体娱乐业	指充分渗透数字化技术的文化体育和娱乐活动，包括数字博物馆、数字图书馆等利用数字化技术和信息化平台、借助数字化设备进行的文化艺术活动，专业从事体育比赛、训练、辅导和管理的组织所进行的活动，体育中介代理活动，以及各种形式的彩票活动。不包括新闻业、音像制品出版、电子出版物出版、数字出版	86＊ 新闻和出版业 88＊ 文化艺术业 89＊ 体育 90＊ 娱乐业

注："★"为数字经济核心产业标识；"＊"表示这些行业与数字经济核心产业存在关联。

附录B “十四五”数字经济发展规划

数字经济是继农业经济、工业经济之后的主要经济形态，是以数据资源为关键要素，以现代信息网络为主要载体，以信息通信技术融合应用、全要素数字化转型为重要推动力，促进公平与效率更加统一的新经济形态。数字经济发展速度之快、辐射范围之广、影响程度之深前所未有，正推动生产方式、生活方式和治理方式深刻变革，成为重组全球要素资源、重塑全球经济结构、改变全球竞争格局的关键力量。“十四五”时期，我国数字经济转向深化应用、规范发展、普惠共享的新阶段。为应对新形势新挑战，把握数字化发展新机遇，拓展经济发展新空间，推动我国数字经济健康发展，依据《中华人民共和国国民经济和社会发展第十四个五年规划和2035年远景目标纲要》，制定本规划。

一、发展现状和形势

（一）发展现状。

“十三五”时期，我国深入实施数字经济发展战略，不断完善数字基础设施，加快培育新业态新模式，推进数字产业化和产业数字化取得积极成效。2020年，我国数字经济核心产业增加值占国内生产总值（GDP）比重达到7.8%，数字经济为经济社会持续健康发展提供了强大动力。

信息基础设施全球领先。我国建成全球规模最大的光纤和第四代移动通信（4G）网络，第五代移动通信（5G）网络建设和应用加速推进。宽带用户普及率明显提高，光纤用户占比超过94%，移动宽带用户普及率达到108%，互联网协议第六版(IPv6)活跃用户数达到4.6亿。

产业数字化转型稳步推进。农业数字化全面推进。服务业数字化水平显著提高。工业数字化转型加速，工业企业生产设备数字化水平持续提升，更多企业迈上“云端”。

新业态新模式竞相发展。数字技术与各行业加速融合，电子商务蓬勃发展，移动支付广泛普及，在线学习、远程会议、网络购物、视频直播等生产生活新方式加速推广，互联网平台日益壮大。

数字政府建设成效显著。一体化政务服务和监管效能大幅度提升，“一网通办”“最多跑一次”“一网统管”“一网协同”等服务管理新模式广泛普及，数字营商环境持续优化，在线政务服务水平跃居全球领先行列。

数字经济国际合作不断深化。《二十国集团数字经济发展与合作倡议》等在全球赢得广泛共识，信息基础设施互联互通取得明显成效，“丝路电商”合作成果丰硕，我国数字经济领域平台企业加速出海，影响力和竞争力不断提升。

与此同时，我国数字经济发展也面临一些问题和挑战：关键领域创新能力不足，产业链供应链受制于人的局面尚未根本改变；不同行业、不同区域、不同群体间数字鸿沟未有效弥合，甚至有进一步扩大趋势；数据资源规模庞大，但价值潜力还没有充分释放；数字经济治理体系需进一步完善。

（二）面临形势。

当前，新一轮科技革命和产业变革深入发展，数字化转型已经成为大势所趋，受内外部多重因素影响，我国数字经济发展面临的形势正在发生深刻变化。

发展数字经济是把握新一轮科技革命和产业变革新机遇的战略选择。数字经济是数字时代国家综合实力的重要体现，是构建现代化经济体系的重要引擎。世界主要国家均高度重视发展数字经济，纷纷出台战略规划，采取各种举措打造竞争新优势，重塑数字时代的国际新格局。

数据要素是数字经济深化发展的核心引擎。数据对提高生产效率的乘数作用不断凸显，成为最具时代特征的生产要素。数据的爆发增长、海量集聚蕴藏了巨大的价值，为智能化发展带来了新的机遇。协同推进技术、模式、业态和制度创新，切实用好数据要素，将为经济社会数字化发展带来强劲动力。

数字化服务是满足人民美好生活需要的重要途径。数字化方式正有效打破时空阻隔，提高有限资源的普惠化水平，极大地方便群众生活，满足多样化个性化需要。数字经济发展正在让广大群众享受到看得见、摸得着的实惠。

规范健康可持续是数字经济高质量发展的迫切要求。我国数字经济规模快速扩张，但发展不平衡、不充分、不规范的问题较为突出，迫切需要转变传统发展方式，加快补齐短板弱项，提高我国数字经济治理水平，走出一条高质量发展道路。

二、总体要求

（一）指导思想。

以习近平新时代中国特色社会主义思想为指导，全面贯彻党的十九大和十九届历次全会精神，立足新发展阶段，完整、准确、全面贯彻新发展理念，构建新发展格局，推动高质量发展，统筹发展和安全、统筹国内和国际，以数据为关键要素，以数字技术与实体经济深度融合为主线，加强数字基础设施建设，完善数字经济治理体系，协同推进数字产业化和产业数字化，赋能传统产业转型升级，培育新产业新业态新模式，不断做强做优做大我国数字经济，为构建数字中国提供有力支撑。

（二）基本原则。

坚持创新引领、融合发展。坚持把创新作为引领发展的第一动力，突出科技自立自强的战略支撑作用，促进数字技术向经济社会和产业发展各领域广泛深入渗透，推进数字技术、应用场景和商业模式融合创新，形成以技术发展促进全要素生产率提升、以领域应用带动技术进步的发展格局。

坚持应用牵引、数据赋能。坚持以数字化发展为导向，充分发挥我国海量数据、广阔市场空间和丰富应用场景优势，充分释放数据要素价值，激活数据要素潜能，以数据流促进生产、分配、流通、消费各个环节高效贯通，推动数据技术产品、应用范式、商业模式和体制机制协同创新。

坚持公平竞争、安全有序。突出竞争政策基础地位，坚持促进发展和监管规范并重，健全完善协同监管规则制度，强化反垄断和防止资本无序扩张，推动平台经济规范健康持续发展，建立健全适应数字经济发展的市场监管、宏观调控、政策法规体系，牢牢守住安全底线。

坚持系统推进、协同高效。充分发挥市场在资源配置中的决定性作用，构建经济社会各主体多元参与、协同联动的数字经济发展新机制。结合我国产业结构和资源禀赋，发挥比较优势，系统谋划、务实推进，更好发挥政府在数字经济发展中的作用。

（三）发展目标。

到2025年，数字经济迈向全面扩展期，数字经济核心产业增加值占GDP比重达到10%，数字化创新引领发展能力大幅提升，智能化水平明显增强，数字技术与实体经济融合取得显著成效，数字经济治理体系更加完善，我国数字经济竞争力和影响力稳步提升。

——数据要素市场体系初步建立。数据资源体系基本建成，利用数据资源推动研发、生产、流通、服务、消费全价值链协同。数据要素市场化建设成效显现，数据确权、定价、交易有序开展，探索建立与数据要素价值和贡献相适应的收入分配机制，激发市场主体创新活力。

——产业数字化转型迈上新台阶。农业数字化转型快速推进，制造业数字化、网络化、智能化更加深入，生产性服务业融合发展加速普及，生活性服务业多元化拓展显著加快，产业数字化转型的支撑服务体系基本完备，在数字化转型过程中推进绿色发展。

——数字产业化水平显著提升。数字技术自主创新能力显著提升，数字化产品和服务供给质量大幅提高，产业核心竞争力明显增强，在部分领域形成全球领先优势。新产业新业态新模式持续涌现、广泛普及，对实体经济提质增效的带动作用显著增强。

——数字化公共服务更加普惠均等。数字基础设施广泛融入生产生活，对政务服务、公共服务、民生保障、社会治理的支撑作用进一步凸显。数字营商环境更加优化，电子政务服务水平进一步提升，网络化、数字化、智慧化的利企便民服务体系不断完善，数字鸿沟加速弥合。

——数字经济治理体系更加完善。协调统一的数字经济治理框架和规则体系基本建立，跨部门、跨地区的协同监管机制基本健全。政府数字化监管能力显著增强，行业和市场监管水平大幅提升。政府主导、多元参与、法治保障的数字经济治理格局基本形成，治理水平明显提升。与数字经济发展相适应的法律法规制度体系更加完善，数字经济安全体系进一步增强。

展望2035年，数字经济将迈向繁荣成熟期，力争形成统一公平、竞争有序、成熟完备的数字经济现代市场体系，数字经济发展基础、产业体系发展水平位居世界前列。

“十四五”数字经济发展主要指标

指标	2020年	2025年	属性
数字经济核心产业增加值占GDP比重/(%)	7.8	10	预期性
IPv6活跃用户数/亿户	4.6	8	预期性
千兆宽带用户数/万户	640	6000	预期性
软件和信息技术服务业规模/万亿元	8.16	14	预期性
工业互联网平台应用普及率/(%)	14.7	45	预期性
全国网上零售额/万亿元	11.76	17	预期性
电子商务交易规模/万亿元	37.21	46	预期性
在线政务服务实名用户规模/亿	4	8	预期性

三、优化升级数字基础设施

(一)加快建设信息网络基础设施。建设高速泛在、天地一体、云网融合、智能敏捷、绿色低碳、安全可控的智能化综合性数字信息基础设施。有序推进骨干网扩容，协同推进千兆光纤网络和5G网络基础设施建设，推动5G商用部署和规模应用，前瞻布局第六代移动通信(6G)网络技术储备，加大6G技术研发支持力度，积极参与推动6G国际标准化工作。积极稳妥推进空间信息基础设施演进升级，加快布局卫星通信网络等，推动卫星互联网建设。提高物联网在工业制造、农业生产、公共服务、应急管理等领域的覆盖水平，增强固移融合、宽窄结合的物联接入能力。

专栏1　信息网络基础设施优化升级工程

①推进光纤网络扩容提速。加快千兆光纤网络部署，持续推进新一代超大容量、超长距离、智能调度的光传输网建设，实现城市地区和重点乡镇千兆光纤网络全面覆盖。

②加快5G网络规模化部署。推动5G独立组网（SA）规模商用，以重大工程应用为牵引，支持在工业、电网、港口等典型领域实现5G网络深度覆盖，助推行业融合应用。

③推进IPv6规模部署应用。深入开展网络基础设施IPv6改造，增强网络互联互通能力，优化网络和应用服务性能，提升基础设施业务承载能力和终端支持能力，深化对各类网站及应用的IPv6改造。

④加速空间信息基础设施升级。提升卫星通信、卫星遥感、卫星导航定位系统的支撑能力，构建全球覆盖、高效运行的通信、遥感、导航空间基础设施体系。

（二）推进云网协同和算网融合发展。加快构建算力、算法、数据、应用资源协同的全国一体化大数据中心体系。在京津冀、长三角、粤港澳大湾区、成渝地区双城经济圈、贵州、内蒙古、甘肃、宁夏等地区布局全国一体化算力网络国家枢纽节点，建设数据中心集群，结合应用、产业等发展需求优化数据中心建设布局。加快实施“东数西算”工程，推进云网协同发展，提升数据中心跨网络、跨地域数据交互能力，加强面向特定场景的边缘计算能力，强化算力统筹和智能调度。按照绿色、低碳、集约、高效的原则，持续推进绿色数字中心建设，加快推进数据中心节能改造，持续提升数据中心可再生能源利用水平。推动智能计算中心有序发展，打造智能算力、通用算法和开发平台一体化的新型智能基础设施，面向政务服务、智慧城市、智能制造、自动驾驶、语言智能等重点新兴领域，提供体系化的人工智能服务。

（三）有序推进基础设施智能升级。稳步构建智能高效的融合基础设施，提升基础设施网络化、智能化、服务化、协同化水平。高效布局人工智能基础设施，提升支撑“智能＋”发展的行业赋能能力。推动农林牧渔业基础设施和生产装备智能化改造，推进机器视觉、机器学习等技术应用。建设可靠、灵活、安全的工业互联网基础设施，支撑制造资源的泛在连接、弹性供给和高效配置。加快推进能源、交通运输、水利、物流、环保等领域基础设施数字化改造。推动新型城市基础设施建设，提升市政公用设施和建筑智能化水平。构建先进普惠、智能协作的生活服务数字化融合设施。在基础设施智能升级过程中，充分满足老年人等群体的特殊需求，打造智慧共享、和睦共治的新型数字生活。

四、充分发挥数据要素作用

（一）强化高质量数据要素供给。支持市场主体依法合规开展数据采集，聚焦数据的标注、清洗、脱敏、脱密、聚合、分析等环节，提升数据资源处理能力，培育壮大数据服务产业。推动数据资源标准体系建设，提升数据管理水平和数据质量，探索面向业务应用的共享、交换、协作和开放。加快推动各领域通信协议兼容统一，打破技术和协议壁垒，努力实现互通互操作，形成完整贯通的数据链。推动数据分类分级管理，强化数据安全风险评估、监测预警和应急处置。深化政务数据跨层级、跨地域、跨部门有序共享。建立健全国家公共数据资源体系，统筹公共数据资源开发利用，推动基础公共数据安全有序开放，构建统一的国家公共数据开放平台和开发利用端口，提升公共数据开放水平，释放数据红利。

专栏2 数据质量提升工程

①提升基础数据资源质量。建立健全国家人口、法人、自然资源和空间地理等基础信息更新机制，持续完善国家基础数据资源库建设、管理和服务，确保基础信息数据及时、准确、可靠。

②培育数据服务商。支持社会化数据服务机构发展，依法依规开展公共资源数据、互联网数据、企业数据的采集、整理、聚合、分析等加工业务。

③推动数据资源标准化工作。加快数据资源规划、数据治理、数据资产评估、数据服务、数据安全等国家标准研制，加大对数据管理、数据开放共享等重点国家标准的宣贯力度。

（二）加快数据要素市场化流通。加快构建数据要素市场规则，培育市场主体、完善治理体系，促进数据要素市场流通。鼓励市场主体探索数据资产定价机制，推动形成数据资产目录，逐步完善数据定价体系。规范数据交易管理，培育规范的数据交易平台和市场主体，建立健全数据资产评估、登记结算、交易撮合、争议仲裁等市场运营体系，提升数据交易效率。严厉打击数据黑市交易，营造安全有序的市场环境。

专栏3　数据要素市场培育试点工程
①开展数据确权及定价服务试验。探索建立数据资产登记制度和数据资产定价规则，试点开展数据权属认定，规范完善数据资产评估服务。 ②推动数字技术在数据流通中的应用。鼓励企业、研究机构等主体基于区块链等数字技术，探索数据授权使用、数据溯源等应用，提升数据交易流通效率。 ③培育发展数据交易平台。提升数据交易平台服务质量，发展包含数据资产评估、登记结算、交易撮合、争议仲裁等的运营体系，健全数据交易平台报价、询价、竞价和定价机制，探索协议转让、挂牌等多种形式的数据交易模式。

（三）创新数据要素开发利用机制。适应不同类型数据特点，以实际应用需求为导向，探索建立多样化的数据开发利用机制。鼓励市场力量挖掘商业数据价值，推动数据价值产品化、服务化，大力发展专业化、个性化数据服务，促进数据、技术、场景深度融合，满足各领域数据需求。鼓励重点行业创新数据开发利用模式，在确保数据安全、保障用户隐私的前提下，调动行业协会、科研院所、企业等多方参与数据价值开发。对具有经济和社会价值、允许加工利用的政务数据和公共数据，通过数据开放、特许开发、授权应用等方式，鼓励更多社会力量进行增值开发利用。结合新型智慧城市建设，加快城市数据融合及产业生态培育，提升城市数据运营和开发利用水平。

五、大力推进产业数字化转型

（一）加快企业数字化转型升级。引导企业强化数字化思维，提升员工数字技能和数据管理能力，全面系统推动企业研发设计、生产加工、经营管理、销售服务等业务数字化转型。支持有条件的大型企业打造一体化数字平台，全面整合企业内部信息系统，强化全流程数据贯通，加快全价值链业务协同，形成数据驱动的智能决策能力，提升企业整体运行效率和产业链上下游协同效率。实施中小企业数字化赋能专项行动，支持中小企业从数字化转型需求迫切的环节入手，加快推进线上营销、远程协作、数字化办公、智能生产线等应用，由点及面向全业务全流程数字化转型延伸拓展。鼓励和支持互联网平台、行业龙头企业等立足自身优势，开放数字化资源和能力，帮助传统企业和中小企业实现数字化转型。推行普惠性“上云用数赋智”服务，推动企业上云、上平台，降低技术和资金壁垒，加快企业数字化转型。

（二）全面深化重点产业数字化转型。立足不同产业特点和差异化需求，推动传统产业全方位、全链条数字化转型，提高全要素生产率。大力提升农业数字化水平，推进“三农”综合信息服务，创新发展智慧农业，提升农业生产、加工、销售、物流等各环节数字化水平。纵深推进工业数字化转型，加快推动研发设计、生产制造、经营管理、市场服务等全生命周期数字化转型，加快培育一批“专精特新”中小企业和制造业单项冠军企业。深入实施智能制造工程，大力推动装备数字化，开展智能制造试点示范专项行动，完善国家智能制造标准体系。培育推广个性化定制、网络化协同等新模式。大力发展数字商务，全面加快商贸、物流、金融等服务业数字化转型，优化管理体系和服务模式，提高服务业的品质与效益。促进数字技术在全过程工程咨询领域的深度应用，引领咨询服务和工程建设模式转型升级。加快推动智慧能源建设应用，促进能源生产、运输、消费等各环节智能化升级，推动能源行业低碳转型。加快推进国土空间基础信息平台建设应用。推动产业互联网融通应用，培育供应链金融、服务型制造等融通发展模式，以数字技术促进产业融合发展。

专栏4　重点行业数字化转型提升工程

①发展智慧农业和智慧水利。加快推动种植业、畜牧业、渔业等领域数字化转型，加强大数据、物联网、人工智能等技术深度应用，提升农业生产经营数字化水平。构建智慧水利体系，以流域为单元提升水情测报和智能调度能力。

②开展工业数字化转型应用示范。实施智能制造试点示范行动，建设智能制造示范工厂，培育智能制造先行区。针对产业痛点、堵点，分行业制定数字化转型路线图，面向原材料、消费品、装备制造、电子信息等重点行业开展数字化转型应用示范和评估，加大标杆应用推广力度。

③加快推动工业互联网创新发展。深入实施工业互联网创新发展战略，鼓励工业企业利用5G、时间敏感网络（TSN）等技术改造升级企业内外网，完善标识解析体系，打造若干具有国际竞争力的工业互联网平台，提升安全保障能力，推动各行业加快数字化转型。

续表

专栏4　重点行业数字化转型提升工程
④提升商务领域数字化水平。打造大数据支撑、网络化共享、智能化协作的智慧供应链体系。健全电子商务公共服务体系，汇聚数字赋能服务资源，支持商务领域中小微企业数字化转型升级。提升贸易数字化水平。引导批发零售、住宿餐饮、租赁和商务服务等传统业态积极开展线上线下、全渠道、定制化、精准化营销创新。 ⑤大力发展智慧物流。加快对传统物流设施的数字化改造升级，促进现代物流业与农业、制造业等产业融合发展。加快建设跨行业、跨区域的物流信息服务平台，实现需求、库存和物流信息的实时共享，探索推进电子提单应用。建设智能仓储体系，提升物流仓储的自动化、智能化水平。 ⑥加快金融领域数字化转型。合理推动大数据、人工智能、区块链等技术在银行、证券、保险等领域的深化应用，发展智能支付、智慧网点、智能投顾、数字化融资等新模式，稳妥推进数字人民币研发，有序开展可控试点。 ⑦加快能源领域数字化转型。推动能源产、运、储、销、用各环节设施的数字化升级，实施煤矿、油气田、油气管网、电厂、电网、油气储备库、终端用能等领域设备设施、工艺流程的数字化建设与改造。推进微电网等智慧能源技术试点示范应用。推动基于供需衔接、生产服务、监督管理等业务关系的数字平台建设，提升能源体系智能化水平。

（三）推动产业园区和产业集群数字化转型。引导产业园区加快数字基础设施建设，利用数字技术提升园区管理和服务能力。积极探索平台企业与产业园区联合运营模式，丰富技术、数据、平台、供应链等服务供给，提升线上线下相结合的资源共享水平，引导各类要素加快向园区集聚。围绕共性转型需求，推动共享制造平台在产业集群落地和规模化发展。探索发展跨越物理边界的“虚拟”产业园区和产业集群，加快产业资源虚拟化集聚、平台化运营和网络化协同，构建虚实结合的产业数字化新生态。依托京津冀、长三角、粤港澳大湾区、成渝地区双城经济圈等重点区域，统筹推进数字基础设施建设，探索建立各类产业集群跨区域、跨平台协同新机制，促进创新要素整合共享，构建创新协同、错位互补、供需联动的区域数字化发展生态，提升产业链供应链协同配套能力。

（四）培育转型支撑服务生态。建立市场化服务与公共服务双轮驱动，技术、资本、人才、数据等多要素支撑的数字化转型服务生态，解决企业“不会转”“不能转”“不敢转”的难题。面向重点行业和企业转型需求，培育推广一批数字化解决方案。聚焦转型咨询、标准制定、测试评估等方向，培育一批第三方专业化服务机构，提升数字化转型服务市场规模和活力。支持高校、龙头企业、行业协会等加强协同，建设综合测试验证环境，加强产业共性解决方案供给。建设数字化转型促进中心，衔接集聚各类资源条件，提供数字化转型公共服务，打造区域产业数字化创新综合体，带动传统产业数字化转型。

专栏5　数字化转型支撑服务生态培育工程

①培育发展数字化解决方案供应商。面向中小微企业特点和需求，培育若干专业型数字化解决方案供应商，引导开发轻量化、易维护、低成本、一站式解决方案。培育若干服务能力强、集成水平高、具有国际竞争力的综合型数字化解决方案供应商。

②建设一批数字化转型促进中心。依托产业集群、园区、示范基地等建立公共数字化转型促进中心，开展数字化服务资源条件衔接集聚、优质解决方案展示推广、人才招聘及培养、测试试验、产业交流等公共服务。依托企业、产业联盟等建立开放型、专业化数字化转型促进中心，面向产业链上下游企业和行业内中小微企业提供供需撮合、转型咨询、定制化系统解决方案开发等市场化服务。制定完善数字化转型促进中心遴选、评估、考核等标准、程序和机制。

③创新转型支撑服务供给机制。鼓励各地因地制宜，探索建设数字化转型产品、服务、解决方案供给资源池，搭建转型供需对接平台，开展数字化转型服务券等创新，支持企业加快数字化转型。深入实施数字化转型伙伴行动计划，加快建立高校、龙头企业、产业联盟、行业协会等市场主体资源共享、分工协作的良性机制。

六、加快推动数字产业化

（一）增强关键技术创新能力。瞄准传感器、量子信息、网络通信、集成电路、关键软件、大数据、人工智能、区块链、新材料等战略性前瞻性领域，发挥我国社会主义制度优势、新型举国体制优势、超大规模市场优势，提高数字技术基础研发能力。以数字技术与各领域融合应用为导向，推动行业企业、平台企业和数字技术服务企业跨界创新，优化创新成果快速转化机制，加快创新技术的工程化、产业化。鼓励发展新型研发机构、企业创新联合体等新型创新主体，打造多元化参与、网络化协同、市场化运作的创新生态体系。支持具有自主核心技术的开源社区、开源平台、开源项目发展，推动创新资源共建共享，促进创新模式开放化演进。

专栏6　数字技术创新突破工程
①补齐关键技术短板。优化和创新“揭榜挂帅”等组织方式，集中突破高端芯片、操作系统、工业软件、核心算法与框架等领域关键核心技术，加强通用处理器、云计算系统和软件关键技术一体化研发。 ②强化优势技术供给。支持建设各类产学研协同创新平台，打通贯穿基础研究、技术研发、中试熟化与产业化全过程的创新链，重点布局5G、物联网、云计算、大数据、人工智能、区块链等领域，突破智能制造、数字孪生、城市大脑、边缘计算、脑机融合等集成技术。 ③抢先布局前沿技术融合创新。推进前沿学科和交叉研究平台建设，重点布局下一代移动通信技术、量子信息、神经芯片、类脑智能、脱氧核糖核酸（DNA）存储、第三代半导体等新兴技术，推动信息、生物、材料、能源等领域技术融合和群体性突破。

（二）提升核心产业竞争力。着力提升基础软硬件、核心电子元器件、关键基础材料和生产装备的供给水平，强化关键产品自给保障能力。实施产业链强链补链行动，加强面向多元化应用场景的技术融合和产品创新，提升产业链关键环节竞争力，完善5G、集成电路、新能源汽车、人工智能、工业互联网等重点产业供应链体系。深化新一代信息技术集成创新和融合应用，加快平台化、定制化、轻量化服务模式创新，打造新兴数字产业新优势。协同推进信息技术软硬件产品产业化、规模化应用，加快集成适配和迭代优化，推动软件产业做大做强，提升关键软硬件技术创新和供给能力。

（三）加快培育新业态新模式。推动平台经济健康发展，引导支持平台企业加强数据、产品、内容等资源整合共享，扩大协同办公、互联网医疗等在线服务覆盖面。深化共享经济在生活服务领域的应用，拓展创新、生产、供应链等资源共享新空间。发展基于数字技术的智能经济，加快优化智能化产品和服务运营，培育智慧销售、无人配送、智能制造、反向定制等新增长点。完善多元价值传递和贡献分配体系，有序引导多样化社交、短视频、知识分享等新型就业创业平台发展。

专栏7　数字经济新业态培育工程
①持续壮大新兴在线服务。加快互联网医院发展，推广健康咨询、在线问诊、远程会诊等互联网医疗服务，规范推广基于智能康养设备的家庭健康监护、慢病管理、养老护理等新模式。推动远程协同办公产品和服务优化升级，推广电子合同、电子印章、电子签名、电子认证等应用。

续表

专栏7　数字经济新业态培育工程
②深入发展共享经济。鼓励共享出行等商业模式创新，培育线上高端品牌，探索错时共享、有偿共享新机制。培育发展共享制造平台，推进研发设计、制造能力、供应链管理等资源共享，发展可计量可交易的新型制造服务。 ③鼓励发展智能经济。依托智慧街区、智慧商圈、智慧园区、智能工厂等建设，加强运营优化和商业模式创新，培育智能服务新增长点。稳步推进自动驾驶、无人配送、智能停车等应用，发展定制化、智慧化出行服务。 ④有序引导新个体经济。支持线上多样化社交、短视频平台有序发展，鼓励微创新、微产品等创新模式。鼓励个人利用电子商务、社交软件、知识分享、音视频网站、创客等新型平台就业创业，促进灵活就业、副业创新。

（四）营造繁荣有序的产业创新生态。发挥数字经济领军企业的引领带动作用，加强资源共享和数据开放，推动线上线下相结合的创新协同、产能共享、供应链互通。鼓励开源社区、开发者平台等新型协作平台发展，培育大中小企业和社会开发者开放协作的数字产业创新生态，带动创新型企业快速壮大。以园区、行业、区域为整体推进产业创新服务平台建设，强化技术研发、标准制修订、测试评估、应用培训、创业孵化等优势资源汇聚，提升产业创新服务支撑水平。

七、持续提升公共服务数字化水平

（一）提高“互联网＋政务服务”效能。全面提升全国一体化政务服务平台功能，加快推进政务服务标准化、规范化、便利化，持续提升政务服务数字化、智能化水平，实现利企便民高频服务事项“一网通办”。建立健全政务数据共享协调机制，加快数字身份统一认证和电子证照、电子签章、电子公文等互信互认，推进发票电子化改革，促进政务数据共享、流程优化和业务协同。推动政务服务线上线下整体联动、全流程在线、向基层深度拓展，提升服务便利化、共享化水平。开展政务数据与业务、服务深度融合创新，增强基于大数据的事项办理需求预测能力，打造主动式、多层次创新服务场景。聚焦公共卫生、社会安全、应急管理等领域，深化数字技术应用，实现重大突发公共事件的快速响应和联动处置。

(二)提升社会服务数字化普惠水平。加快推动文化教育、医疗健康、会展旅游、体育健身等领域公共服务资源数字化供给和网络化服务,促进优质资源共享复用。充分运用新型数字技术,强化就业、养老、儿童福利、托育、家政等民生领域供需对接,进一步优化资源配置。发展智慧广电网络,加快推进全国有线电视网络整合和升级改造。深入开展电信普遍服务试点,提升农村及偏远地区网络覆盖水平。加强面向革命老区、民族地区、边疆地区、脱贫地区的远程服务,拓展教育、医疗、社保、对口帮扶等服务内容,助力基本公共服务均等化。加强信息无障碍建设,提升面向特殊群体的数字化社会服务能力。促进社会服务和数字平台深度融合,探索多领域跨界合作,推动医养结合、文教结合、体医结合、文旅融合。

专栏8　社会服务数字化提升工程

①深入推进智慧教育。推进教育新型基础设施建设,构建高质量教育支撑体系。深入推进智慧教育示范区建设,进一步完善国家数字教育资源公共服务体系,提升在线教育支撑服务能力,推动“互联网+教育”持续健康发展,充分依托互联网、广播电视网络等渠道推进优质教育资源覆盖农村及偏远地区学校。

②加快发展数字健康服务。加快完善电子健康档案、电子处方等数据库,推进医疗数据共建共享。推进医疗机构数字化、智能化转型,加快建设智慧医院,推广远程医疗。精准对接和满足群众多层次、多样化、个性化医疗健康服务需求,发展远程化、定制化、智能化数字健康新业态,提升“互联网+医疗健康”服务水平。

③以数字化推动文化和旅游融合发展。加快优秀文化和旅游资源的数字化转化和开发,推动景区、博物馆等发展线上数字化体验产品,发展线上演播、云展览、沉浸式体验等新型文旅服务,培育一批具有广泛影响力的数字文化品牌。

④加快推进智慧社区建设。充分依托已有资源,推动建设集约化、联网规范化、应用智能化、资源社会化,实现系统集成、数据共享和业务协同,更好提供政务、商超、家政、托育、养老、物业等社区服务资源,扩大感知智能技术应用,推动社区服务智能化,提升城乡社区服务效能。

⑤提升社会保障服务数字化水平。完善社会保障大数据应用,开展跨地区、跨部门、跨层级数据共享应用,加快实现“跨省通办”。健全风险防控分类管理,加强业务运行监测,构建制度化、常态化数据核查机制。加快推进社保经办数字化转型,为参保单位和个人搭建数字全景图,支持个性服务和精准监管。

（三）推动数字城乡融合发展。统筹推动新型智慧城市和数字乡村建设，协同优化城乡公共服务。深化新型智慧城市建设，推动城市数据整合共享和业务协同，提升城市综合管理服务能力，完善城市信息模型平台和运行管理服务平台，因地制宜构建数字孪生城市。加快城市智能设施向乡村延伸覆盖，完善农村地区信息化服务供给，推进城乡要素双向自由流动，合理配置公共资源，形成以城带乡、共建共享的数字城乡融合发展格局。构建城乡常住人口动态统计发布机制，利用数字化手段助力提升城乡基本公共服务水平。

专栏9　新型智慧城市和数字乡村建设工程
①分级分类推进新型智慧城市建设。结合新型智慧城市评价结果和实践成效，遴选有条件的地区建设一批新型智慧城市示范工程，围绕惠民服务、精准治理、产业发展、生态宜居、应急管理等领域打造高水平新型智慧城市样板，着力突破数据融合难、业务协同难、应急联动难等痛点问题。 ②强化新型智慧城市统筹规划和建设运营。加强新型智慧城市总体规划与顶层设计，创新智慧城市建设、应用、运营等模式，建立完善智慧城市的绩效管理、发展评价、标准规范体系，推进智慧城市规划、设计、建设、运营的一体化、协同化，建立智慧城市长效发展的运营机制。 ③提升信息惠农服务水平。构建乡村综合信息服务体系，丰富市场、科技、金融、就业培训等涉农信息服务内容，推进乡村教育信息化应用，推进农业生产、市场交易、信贷保险、农村生活等数字化应用。 ④推进乡村治理数字化。推动基本公共服务更好向乡村延伸，推进涉农服务事项线上线下一体化办理。推动农业农村大数据应用，强化市场预警、政策评估、监管执法、资源管理、舆情分析、应急管理等领域的决策支持服务。

（四）打造智慧共享的新型数字生活。加快既有住宅和社区设施数字化改造，鼓励新建小区同步规划建设智能系统，打造智能楼宇、智能停车场、智能充电桩、智能垃圾箱等公共设施。引导智能家居产品互联互通，促进家居产品与家居环境智能互动，丰富“一键控制”“一声响应”的数字家庭生活应用。加强超高清电视普及应用，发展互动视频、沉浸式视频、云游戏等新业态。创新发展“云生活”服务，深化人工智能、虚拟现实、8K高清视频等技术

的融合,拓展社交、购物、娱乐、展览等领域的应用,促进生活消费品质升级。鼓励建设智慧社区和智慧服务生活圈,推动公共服务资源整合,提升专业化、市场化服务水平。支持实体消费场所建设数字化消费新场景,推广智慧导览、智能导流、虚实交互体验、非接触式服务等应用,提升场景消费体验。培育一批新型消费示范城市和领先企业,打造数字产品服务展示交流和技能培训中心,培养全民数字消费意识和习惯。

八、健全完善数字经济治理体系

(一)强化协同治理和监管机制。规范数字经济发展,坚持发展和监管两手抓。探索建立与数字经济持续健康发展相适应的治理方式,制定更加灵活有效的政策措施,创新协同治理模式。明晰主管部门、监管机构职责,强化跨部门、跨层级、跨区域协同监管,明确监管范围和统一规则,加强分工合作与协调配合。深化"放管服"改革,优化营商环境,分类清理规范不适应数字经济发展需要的行政许可、资质资格等事项,进一步释放市场主体创新活力和内生动力。鼓励和督促企业诚信经营,强化以信用为基础的数字经济市场监管,建立完善信用档案,推进政企联动、行业联动的信用共享共治。加强征信建设,提升征信服务供给能力。加快建立全方位、多层次、立体化监管体系,实现事前事中事后全链条全领域监管,完善协同会商机制,有效打击数字经济领域违法犯罪行为。加强跨部门、跨区域分工协作,推动监管数据采集和共享利用,提升监管的开放、透明、法治水平。探索开展跨场景跨业务跨部门联合监管试点,创新基于新技术手段的监管模式,建立健全触发式监管机制。加强税收监管和税务稽查。

(二)增强政府数字化治理能力。加大政务信息化建设统筹力度,强化政府数字化治理和服务能力建设,有效发挥对规范市场、鼓励创新、保护消费者权益的支撑作用。建立完善基于大数据、人工智能、区块链等新技术的统计监测和决策分析体系,提升数字经济治理的精准性、协调性和有效性。推进完善风险应急响应处置流程和机制,强化重大问题研判和风险预警,提升系统性风险防范水平。探索建立适应平台经济特点的监管机制,推动线上线下监管有效衔接,强化对平台经营者及其行为的监管。

专栏10　数字经济治理能力提升工程
①加强数字经济统计监测。基于数字经济及其核心产业统计分类，界定数字经济统计范围，建立数字经济统计监测制度，组织实施数字经济统计监测。定期开展数字经济核心产业核算，准确反映数字经济核心产业发展规模、速度、结构等情况。探索开展产业数字化发展状况评估。 ②加强重大问题研判和风险预警。整合各相关部门和地方风险监测预警能力，健全完善风险发现、研判会商、协同处置等工作机制，发挥平台企业和专业研究机构等力量的作用，有效监测和防范大数据、人工智能等技术滥用可能引发的经济、社会和道德风险。 ③构建数字服务监管体系。加强对平台治理、人工智能伦理等问题的研究，及时跟踪研判数字技术创新应用发展趋势，推动完善数字中介服务、工业APP、云计算等数字技术和服务监管规则。探索大数据、人工智能、区块链等数字技术在监管领域的应用。强化产权和知识产权保护，严厉打击网络侵权和盗版行为，营造有利于创新的发展环境。

（三）完善多元共治新格局。建立完善政府、平台、企业、行业组织和社会公众多元参与、有效协同的数字经济治理新格局，形成治理合力，鼓励良性竞争，维护公平有效市场。加快健全市场准入制度、公平竞争审查机制，完善数字经济公平竞争监管制度，预防和制止滥用行政权力排除限制竞争。进一步明确平台企业主体责任和义务，推进行业服务标准建设和行业自律，保护平台从业人员和消费者合法权益。开展社会监督、媒体监督、公众监督，培育多元治理、协调发展新生态。鼓励建立争议在线解决机制和渠道，制定并公示争议解决规则。引导社会各界积极参与推动数字经济治理，加强和改进反垄断执法，畅通多元主体诉求表达、权益保障渠道，及时化解矛盾纠纷，维护公众利益和社会稳定。

专栏11　多元协同治理能力提升工程
①强化平台治理。科学界定平台责任与义务，引导平台经营者加强内部管理和安全保障，强化平台在数据安全和隐私保护、商品质量保障、食品安全保障、劳动保护等方面的责任，研究制定相关措施，有效防范潜在的技术、经济和社会风险。 ②引导行业自律。积极支持和引导行业协会等社会组织参与数字经济治理，鼓励出台行业标准规范、自律公约，并依法依规参与纠纷处理，规范行业企业经营行为。 ③保护市场主体权益。保护数字经济领域各类市场主体尤其是中小微企业和平台从业人员的合法权益、发展机会和创新活力，规范网络广告、价格标示、宣传促销等行为。

续表

专栏11　多元协同治理能力提升工程
④完善社会参与机制。拓宽消费者和群众参与渠道,完善社会举报监督机制,推动主管部门、平台经营者等及时回应社会关切,合理引导预期。

九、着力强化数字经济安全体系

(一)增强网络安全防护能力。强化落实网络安全技术措施同步规划、同步建设、同步使用的要求,确保重要系统和设施安全有序运行。加强网络安全基础设施建设,强化跨领域网络安全信息共享和工作协同,健全完善网络安全应急事件预警通报机制,提升网络安全态势感知、威胁发现、应急指挥、协同处置和攻击溯源能力。提升网络安全应急处置能力,加强电信、金融、能源、交通运输、水利等重要行业领域关键信息基础设施网络安全防护能力,支持开展常态化安全风险评估,加强网络安全等级保护和密码应用安全性评估。支持网络安全保护技术和产品研发应用,推广使用安全可靠的信息产品、服务和解决方案。强化针对新技术、新应用的安全研究管理,为新产业新业态新模式健康发展提供保障。加快发展网络安全产业体系,促进拟态防御、数据加密等网络安全技术应用。加强网络安全宣传教育和人才培养,支持发展社会化网络安全服务。

(二)提升数据安全保障水平。建立健全数据安全治理体系,研究完善行业数据安全管理政策。建立数据分类分级保护制度,研究推进数据安全标准体系建设,规范数据采集、传输、存储、处理、共享、销毁全生命周期管理,推动数据使用者落实数据安全保护责任。依法依规加强政务数据安全保护,做好政务数据开放和社会化利用的安全管理。依法依规做好网络安全审查、云计算服务安全评估等,有效防范国家安全风险。健全完善数据跨境流动安全管理相关制度规范。推动提升重要设施设备的安全可靠水平,增强重点行业数据安全保障能力。进一步强化个人信息保护,规范身份信息、隐私信息、生物特征信息的采集、传输和使用,加强对收集使用个人信息的安全监管能力。

(三)切实有效防范各类风险。强化数字经济安全风险综合研判,防范各类风险叠加可能引发的经济风险、技术风险和社会稳定问题。引导社会资本投向原创性、引领性创新领域,避免低水平重复、同质化竞争、盲目跟风炒作等,支持可持续发展的业态和模式创新。坚持金融活动全部纳入金融监管,加强动态监测,规范数字化金融有序创新,严防衍生业务风险。推动关键产品多元化供给,着力提高产业链供应链韧性,增强产业体系抗冲击能力。引导企业在法律合规、数据管理、新技术应用等领域完善自律机制,防范数字技术应用风险。健全失业保险、社会救助制度,完善灵活就业的工伤保险制度。健全灵活就业人员参加社会保险制度和劳动者权益保障制度,推进灵活就业人员参加住房公积金制度试点。探索建立新业态企业劳动保障信用评价、守信激励和失信惩戒等制度。着力推动数字经济普惠共享发展,健全完善针对未成年人、老年人等各类特殊群体的网络保护机制。

十、有效拓展数字经济国际合作

(一)加快贸易数字化发展。以数字化驱动贸易主体转型和贸易方式变革,营造贸易数字化良好环境。完善数字贸易促进政策,加强制度供给和法律保障。加大服务业开放力度,探索放宽数字经济新业态准入,引进全球服务业跨国公司在华设立运营总部、研发设计中心、采购物流中心、结算中心,积极引进优质外资企业和创业团队,加强国际创新资源“引进来”。依托自由贸易试验区、数字服务出口基地和海南自由贸易港,针对跨境寄递物流、跨境支付和供应链管理等典型场景,构建安全便利的国际互联网数据专用通道和国际化数据信息专用通道。大力发展跨境电商,扎实推进跨境电商综合试验区建设,积极鼓励各业务环节探索创新,培育壮大一批跨境电商龙头企业、海外仓领军企业和优秀产业园区,打造跨境电商产业链和生态圈。

(二)推动“数字丝绸之路”深入发展。加强统筹谋划,高质量推动中国—东盟智慧城市合作、中国—中东欧数字经济合作。围绕多双边经贸合作协定,构建贸易投资开放新格局,拓展与东盟、欧盟的数字经济合作伙伴关系,与非盟和非洲国家研究开展数字经济领域合作。统筹开展境外数字基础设施合作,结合当地需求和条件,与共建“一带一路”国家开展跨境光缆建设合作，保障网络基础设施互联互通。构建基于区块链的可信服务网络和应用支撑平台，为广泛开展数字经济合作提供基础保障。推动数据存储、智能计算等新兴服务能力全球化发展。加大金融、物流、电子商务等领域的合作模式创新，支持我国数字经济企业“走出去”，积极参与国际合作。

（三）积极构建良好国际合作环境。倡导构建和平、安全、开放、合作、有序的网络空间命运共同体，积极维护网络空间主权，加强网络空间国际合作。加快研究制定符合我国国情的数字经济相关标准和治理规则。依托双边和多边合作机制，开展数字经济标准国际协调和数字经济治理合作。积极借鉴国际规则和经验，围绕数据跨境流动、市场准入、反垄断、数字人民币、数据隐私保护等重大问题探索建立治理规则。深化政府间数字经济政策交流对话，建立多边数字经济合作伙伴关系，主动参与国际组织数字经济议题谈判，拓展前沿领域合作。构建商事协调、法律顾问、知识产权等专业化中介服务机制和公共服务平台，防范各类涉外经贸法律风险，为出海企业保驾护航。

十一、保障措施

（一）加强统筹协调和组织实施。建立数字经济发展部际协调机制，加强形势研判，协调解决重大问题，务实推进规划的贯彻实施。各地方要立足本地区实际，健全工作推进协调机制，增强发展数字经济本领，推动数字经济更好服务和融入新发展格局。进一步加强对数字经济发展政策的解读与宣传，深化数字经济理论和实践研究，完善统计测度和评价体系。各部门要充分整合现有资源，加强跨部门协调沟通，有效调动各方面的积极性。

（二）加大资金支持力度。加大对数字经济薄弱环节的投入，突破制约数字经济发展的短板与瓶颈，建立推动数字经济发展的长效机制。拓展多元投融资渠道，鼓励企业开展技术创新。鼓励引导社会资本设立市场化运作的数字经济细分领域基金，支持符合条件的数字经济企业进入多层次资本市场进行融资，鼓励银行业金融机构创新产品和服务，加大对数字经济核心产业的支持力度。加强对各类资金的统筹引导，提升投资质量和效益。

（三）提升全民数字素养和技能。实施全民数字素养与技能提升计划，扩大优质数字资源供给，鼓励公共数字资源更大范围向社会开放。推进中小学信息技术课程建设，加强职业院校（含技工院校）数字技术技能类人才培养，深化数字经济领域新工科、新文科建设，支持企业与院校共建一批现代产业学院、联合实验室、实习基地等，发展订单制、现代学徒制等多元化人才培养模式。制定实施数字技能提升专项培训计划，提高老年人、残障人士等运用数字技术的能力，切实解决老年人、残障人士面临的困难。提高公民网络文明素养，强化数字社会道德规范。鼓励将数字经济领域人才纳入各类人才计划支持范围，积极探索高效灵活的人才引进、培养、评价及激励政策。

（四）实施试点示范。统筹推动数字经济试点示范，完善创新资源高效配置机制，构建引领性数字经济产业集聚高地。鼓励各地区、各部门积极探索适应数字经济发展趋势的改革举措，采取有效方式和管用措施，形成一批可复制推广的经验做法和制度性成果。支持各地区结合本地区实际情况，综合采取产业、财政、科研、人才等政策手段，不断完善与数字经济发展相适应的政策法规体系、公共服务体系、产业生态体系和技术创新体系。鼓励跨区域交流合作，适时总结推广各类示范区经验，加强标杆示范引领，形成以点带面的良好局面。

（五）强化监测评估。各地区、各部门要结合本地区、本行业实际，抓紧制定出台相关配套政策并推动落地。要加强对规划落实情况的跟踪监测和成效分析，抓好重大任务推进实施，及时总结工作进展。国家发展改革委、中央网信办、工业和信息化部要会同有关部门加强调查研究和督促指导，适时组织开展评估，推动各项任务落实到位，重大事项及时向国务院报告。

参考文献

[1] 石勇.数字经济的发展与未来[J].中国科学院院刊,2022,37(01):78-87.

[2] 百度股市通.中百集团-财务-营收趋势[EB/OL].(2024-3-29)[2024-3-31]. https://gushitong. baidu. com/stock/ab-000759.

[3] 亿邦动力.武汉中商 2022 全年净赚 16.48 亿元 同比下降 29.11%[EB/OL].(2023-4-28)[2024-3-31]. https://www. ebrun. com/20230428/517196. shtml.

[4] 商务部配额许可证事务局.促进数字经济和实体经济深度融合[EB/OL].(2024-2-29)[2024-3-31]. http://xkzj. mofcom. gov. cn/myszhszmy/llzc/art/2024/art_3fa0988258bf47aeaf6df4a13bafa64c. html.

[5] 中国信息通信研究院.全球数字经济白皮书(2022 年)[EB/OL].(2022-12-1)[2024-5-8]. http://www. caict. ac. cn/kxyj/qwfb/bps/202212/P020221207397428021671. pdf.

[6] 中国信息通信研究院.全球数字经济白皮书(2023 年)[EB/OL].(2024-1-1)[2024-5-8]. http://www. caict. ac. cn/kxyj/qwfb/bps/202401/P020240326601000238100. pdf.

[7] 钛媒体APP.我国数字经济正在迈向新阶段[EB/OL].(2024-2-28)[2024-5-8]. https://baijiahao. baidu. com/s? id=1792144349713665309&wfr=spider&for=pc.

[8] 商务部电子商务和信息化司.中国电子商务报告(2022)[EB/OL].(2023-6-9)[2024-3-31]. http://dzsws. mofcom. gov. cn/zthd/ndbg/art/2023/art_21d89f715e43476eae4c420a9d787d41. html.

[9] 商务部新闻办公室.商务部电子商务司负责人介绍 2023 年我国电子商

务发展情况[EB/OL].(2024-1-19)[2024-3-31]. http://www. mofcom. gov. cn/article/xwfb/xwsjfzr/202401/20240103467547. shtml.

[10] 任保平.数字经济与实体经济融合推动新型工业化[M].北京:经济科学出版社,2024.

[11] 蔡跃洲.数字经济与中国经济发展:理论机制及实证分析[M].北京:中国社会科学出版社,2023.

[12] 于施洋,王建冬,郭鑫.数字中国:重塑新时代全球竞争力[M].北京:社会科学文献出版社,2019.

[13] 龚奕,李志男,张微.数字经济大变局[M].北京:世界图书出版有限公司北京分公司,2023.

[14] 欧阳日辉,龚伟.促进数字经济和实体经济深度融合:机理与路径[J].北京工商大学学报(社会科学版),2023,38(04):10-22.

[15] 联影官网.营收首破百亿大关,联影医疗迈入"大航海时代"![EB/OL].(2024-3-4)[2024-4-14]. https://www. united-imaging. com/zh-cn/news-center/uih-news-list/2024-03-04.

[16] 全国工商联经纪服务部腾讯研究院. 2022中国民营企业数字化转型调研报告[EB/OL].(2022-8-24)[2024-4-2]. https://www. xdyanbao. com/doc/l0bsnsh6o9? bd_vid=7683271745870944590.

[17] 习近平.不断做强做优做大我国数字经济[J].当代江西,2022,(02):3-7.

[18] GLOBAL LANCERS. The Evolution of Netflix: From Renting DVDs to Establishing Global Streaming Supremacy[EB/OL].(2023-6-23)[2024-4-14]. https://lancersglobal. com/insights/digital-transformation/the-evolution-of-netflix-from-renting-dvds-to-establishing-global-streaming-supremacy.

[19] 百度百科. rpa 技术[EB/OL].[2024-4-2]https://answer. baidu. com/answer/land? params=tmyavO%2FSAX3FIQg5rs%2FOluexx8EV2hWzUrMc2XINuar%2FW%2FNQ%2BzHbkuFuKER8LiAkypCY3Tn%2BO6X93P455r%2FSIs2qnU%2FixJz%2BDcW6EqXjP%2BG3arKH8nqxzDf%2F1%2BNnqgmU%2FwblBDrAr2J%2FzAABxpE4lcQJ3krD5Dak5QV89%2F2EZ%2BE%3D&from=dqa&lid=8645e914000e7786&word

=RPA%E6%8A%80%E6%9C%AF.

[20] 华新水泥股份有限公司官网.数字化创新中心[EB/OL].[2024-4-2]. https://www. Huaxincem. com/shouyehuaxinyewu/shuchuangzhongxin. html.

[21]极目新闻.湖北省发布首批数字经济典型应用场景[EB/OL].(2023-8-11)[2024-4-2]. https://Baijiahao. baidu. com/s? id=1773932794231530311&wfr=spider&for=pc.

[22] 联影官网.世界知识产权日,解码医疗“新质生产力”背后的创新 DNA [EB/OL]. [2023-4-2]. https://www. united-imaging. com/zh-cn/news-center/uih-news-list/2024-04-30.

[23] 湖北省通信管理局.湖北移动夯实新型工业化数智底座 让新质生产力“链”上湖北造[EB/OL].(2023-11-28)[2024-4-2]. https://mp. weixin. qq. com/s? __biz=MzUxMjczMDU0MQ==&mid=2247507795&idx=3&sn=daa599cc197d89db1ccb95c433103361 &chksm=f95d6b91ce2ae287412d15c8eb1ee4fd535659dc927f905b 2d4d862291f14932b8dde4e61aa6&scene=27.